U0516563

· 中华书局 ·
上海聚珍出品

中华
经典通识

《水经注》通识

李晓杰——著

中华书局

图书在版编目(CIP)数据

《水经注》通识/李晓杰著. —北京:中华书局,2025.6. —(中华经典通识/陈引驰主编). —ISBN 978-7-101-17107-5

Ⅰ. K928.4

中国国家版本馆 CIP 数据核字第 2025FP2768 号

《水经注》通识

著 者	李晓杰
丛 书 名	中华经典通识
主 编	陈引驰
丛书策划	贾雪飞
责任编辑	刘 堃
装帧设计	毛 淳
责任印制	管 斌
出版发行	中华书局
	(北京市丰台区太平桥西里 38 号 100073)
	http://www.zhbc.com.cn
	E-mail:zhbc@zhbc.com.cn
印 刷	天津裕同印刷有限公司
版 次	2025 年 6 月第 1 版
	2025 年 6 月第 1 次印刷
规 格	开本/880×1230 毫米 1/32
	印张 7⅝ 插页 2 字数 120 千字
印 数	1-4000 册
国际书号	ISBN 978-7-101-17107-5
定 价	59.00 元

编者的话

经典常读常新，一代有一代的思想，一代有一代的解读。"中华经典通识"系列丛书，邀请当今造诣精深的中青年学者，为读者朋友们讲授通识课。希望通过一本"小书"，轻松简明地讲透一部中华传统经典。

本系列丛书由复旦大学陈引驰教授主编，每本书的作者都是该领域的名家，他们既有深厚的学养，又长于深入浅出，融会贯通。每本书都选配了大量相关的图片，图文相生，能增强阅读的趣味性。

希望这套丛书，能成为人们了解中华传统文化的可靠津梁。

目　录

《水经注》是一部"宇宙未有之奇书" / 001

一
《水经》各种
知多少

① 《禹贡》"导水"部分 / 018

② 《五藏山经》所记水道与《海内东经》
所附"水经" / 020

③ 《汉书·地理志》水道部分 / 023

④ 《说文解字·水部》水道资料 / 025

⑤ 郭注《水经》与郦注《水经》/ 028

二
郦道元的家世与生平

① 显赫家世 / 033

② 官宦生涯 / 038

三
《水经注》的
成书与编纂

1 著述背景 / 045

2 成书时间 / 050

3 写作方法 / 052

4 编排次序 / 054

四
《水经注》的
内容与价值

1 地理学方面 / 059

2 历史学与地名学方面 / 079

3 文献学与金石学方面 / 082

4 文学方面 / 084

5 语言学方面 / 088

五
《水经注》的
流传与版本

1 古本系统 / 094

2 今本系统 / 101

六
传统郦学研究

1 考据学派的贡献 / 103

2 词章学家的选本与点评本 / 114

3 地理学派的异军突起 / 119

4 各种《水经注》图的编绘 / 133

七
《水经注》新研

① 文本校勘 / 160

② 史源探究 / 169

③ 地理考释 / 175

④ 地图新绘 / 192

结语：新时代《水经注》研究的
学术价值与应用价值 / 207

参考文献 / 225

后记 / 231

《水经注》是一部"宇宙未有之奇书"

北魏著名地理学家郦道元撰写的《水经注》，是我国古代以水道为纲记载区域地理信息最为著名的典籍，与刘宋裴松之的《三国志注》、萧梁刘孝标的《世说新语注》并称为魏晋南北朝时期的三大名"注"。

《水经注》以西汉王朝的版图为基础（若干地区兼及域外），对许多重要河流及其流域进行综合性的描述，所涉及的内容主要包括自然地理与人文地理两大部分。英国著名的中国科技史专家李约瑟在其代表作《中国科学技术史》中即称《水经注》是"地理学的广泛描述"。同时，不少至今已经散佚的各类书籍，幸赖《水经注》的征引而得以部分保存。因而，《水经注》一书在研究中国古代的历史、地理及文学等诸多领域都有极高的参考价值。其后虽然有明末黄宗羲《今水经》、清齐召南《水道提纲》等类似《水经注》的著述出现，但其价值都无法与《水经注》相提并论。后代学者对《水经注》不乏溢美之辞，其中清初学者刘献廷即称《水经注》是一部"宇宙未有之奇书"；另一位清代学者沈德潜更是将《水经注》视为古代记载河流水道著述中"不可无一，不容有二"的佳构。

中国是农业文明古国，自古即对水的利用与治理十分重视，因而很早就有关于水的记载的典籍出现。在成书于春秋战国之交的《尚书·禹贡》与战国秦代之际的《山海经》中，即出现了有关水道分布的记载。其后，班固所撰《汉书》的《地理志》用极简的文字，将西汉时期的水道情况做了勾勒。东汉许慎《说文解字·水部》中也留下了有关单名水道的不少记载。可以想见其时应该有一类关于水道记载的书籍出现。

郦道元所注释的《水经》大体成书于东汉末三国时期，后世相传为汉桑钦所撰，实不足据。桑钦所撰《水经》与郦注《水经》至多仅有渊源关系而已。郦注《水经》原本也是单独流传的，大约有 1 万多字，记载了 130 多条水道的发源、流程及归宿。不过，郦道元觉得这部书"粗缀津绪，又阙旁通"（意思是说对水道的记载过于简略，同时又没有涉及相关的其他内容），于是便决定以《水经》的文字为纲，以他所搜集到的各种相关资料为主，重做编排与注释，"因水以证地，即地以存古"，完成了一部超过《水经》原文近 30 万字的《水经注》，涉及的大小河流 1 200 多条。如果再将湖泊、陂、泽、泉、渠、池等其他各种水体统计在一起，则多达 3 000 余条，真正做到了他所希望的"旁通"，构筑了一个完整的中古时期的地理系统。而原本单行的《水经》，则因《水经注》的内容太过精彩而逐渐丧失了其独立性，人们对其文本的重视程度亦几乎为《水经注》所取代。

至于郦道元著述《水经注》的确切时间，由于史籍失载，至今尚无定说。学者们大都是据《水经注》文字中郦道元所提及的相关信息进行估计而得出一种说法。现在一般认为《水经注》这部书是郦道元在公元 527 年被害之前的一段时间里撰写完成的。

《水经注》一书共有 40 卷，体大思精，缜密谨严，资料详赡，叙述时不急不徐，主次有序，有条不紊，显现了郦道元成竹在胸的高超撰写技艺。

《水经注》记载的水道顺序是先北方，后南方。其中涉及了河水（今黄河）、济水（今已无对应水道）、淮水（今淮河）及江水（今长江）四大水系，另外还有河水以北、山东及江水以南以独流为主的诸水，条理颇为清晰。书中对每条水道的发源、流向、二三级支流的汇入、最终归宿等，一一做了详细而有条不紊的描述。具体到一条水道的流路时，郦道元会先从这条水道的源头说起，然后沿着水道的干流往下讲；当遇到干流与某一支流交汇时，就又会从交汇处上溯这条支流的流路，从支流的源头讲起，最后回到和干流交汇的地方；随后，再继续沿着干流的流路讲下去。所以，他虽然记载了那么多条河流，但是每条河流的具体情况都非常清晰。郦道元就是用这样的叙述方法将千余条大小支流统领于几十条干流之下，并且在其间穿插大量湖泊、沼泽、泉源及水利工程，体现了完善的河流水系概念，这是以前任何著述都没有企及的。

《水经注》所记载的内容十分丰富，对水道所流经的大小城邑及其建置沿革、战争遗址等，也做了比较详尽的记录；不仅如此，还对许多水道流域内的自然环境（山脉、溪谷、川原、气候、土壤、植被等）与人文景观（宫殿、苑囿、园圃、寺庙、桥梁、碑刻等）进行了细致的描写，对当地的水利工程、风土人情、神话传说、物产资源、民歌谣谚也不遗余力地进行了记载。在某种程度上,《水经注》可谓一部北魏以前的百科全书。

通过大量征引各类文字典籍来描述论证水道沿岸的情况,是《水经注》的又一特色。在《水经注》里虽然时或看到郦道元进行实地考察,并对文献记录矛盾之处进行辨析的记载,然其足迹所至,毕竟有限,而书中那些他未亲临之处的文字描写依然生动鲜活,给人身临其境之感,究其实都是郦道元利用手头资料的"纸上谈兵"。他分类排比各类资料并连缀成文的功夫,实在了得。据学者统计,《水经注》中征引的书籍有 400余种,由此可见郦道元的好学与涉猎之广。这些书籍后来有不少已经亡佚,只有通过《水经注》还可以管窥其中的一二。另外,《水经注》里还记载了许多碑刻资料,而今天这些石碑绝大多数也已经找不到了,几乎全部依靠《水经注》将这些资料较为完整地保留了下来。明清有很多学者,利用《水经注》将北魏时期出现的一些地理书重新辑佚,变成今天可以参考的书籍。因此,《水经注》也是后代学者辑佚书籍的渊薮。

关于《水经注》记载的时间的问题,传统的观点认为其记载反映的是北魏时期的基本情况。然而,经过我们进一步的研究后发现,《水经注》实际上是一部历史地理著作,郦道元在里面讲的很多东西，并不涉及北魏时期，而是北魏之前的情况，除非特别情况才关注北魏的情形，所以他讲的基本上还是前代的情况。

与一般的地理书不同，《水经注》在叙述谨严详赡的同时，还极富文采，尤其是其中一些写景的优美文字，在后代皆成为脍炙人口的名篇佳作，在中国文学史上占有一席之地。

另外，《水经注》还十分注意叙述的趣味性，力避枯燥，尤其是在行文中经常插入的一些历史或志怪故事，不仅起到了吸引读者的良好效果，还借机表达了自己的主观意旨。

从历史地理的角度看，《水经注》的学术价值尤其高。例如，按照《水经注》记载的水道干流和支流的状况，并结合相关史料，可以对历史时期的水系进行复原，展现其时的河流水文地貌，绘制出非常完整的水道流域图。又如，《水经注》中载有丰富的秦汉至北魏时期的政区地理信息，在区分不同时代政区资料的前提下，可以对《水经注》所记载的城邑地望、县级政区边界以及州、郡级政区的设置情况分别做出合理的、精确的时代还原，从而使断代政区地理的研究最大限度地细化，使我们对千余年前的政区地理情况有更为清晰的了解。

诚然,《水经注》并非完美无瑕,郦道元以一己之力撰写这样一部大书,其中也不可避免会存在一些或大或小的问题,无法做到对其所载之事皆有真知灼见。特别是当他利用的文献本身即有记载错误时,出现偏差就会在所难免。但这些与全书所具有的诸多价值相较,皆微不足道。

然而,想要读懂《水经注》并非一件易事。且不说书中涉及的具体内容,单就流传至今的《水经注》各种版本的复杂程度来讲,就足以令人望洋兴叹了。

由于《水经注》一书成书时间较早,自宋代开始,在传抄刊刻过程中便出现了较多的散佚,原本四十卷的内容,有五卷已经缺失了。虽然现在我们看到的《水经注》依旧为四十卷本,但已是后人离析所存原三十五卷内容而得的结果。降至明代,在《水经注》版本流传方面逐渐形成了两大系统,一为古本系统,一为今本系统。所谓古本,即刊刻、抄写时以保留宋本(或影宋本)行款与文本原貌为准则,即使底本有明显讹误,亦不作改动,不涉及校勘研究的版本。现存最早的刻本南宋

傅增湘题残宋本《水经注》
第七册封面

中国国家图书馆藏

明《永乐大典》本《水经注》
第一册封面

中国国家图书馆藏

《水经注》（残本）以及明《永乐大典》本《水经注》、数种明钞
本《水经注》等，都属古本系统。而所谓今本，则是已经对底
本进行研究、校改的版本。明清以降的《水经注》版本，皆属
今本系统。

由于《水经注》在版本流传与具体内容方面所存在的复杂
性，自金代以来，便不乏著名学人投身于《水经注》的研究并
有所著述，在明代逐渐形成了一项专门的学问——"郦学"。

　　嘉靖年间的黄省曾刊刻的《水经注》是已知最早的《水经注》明刻本。其后吴琯即在此基础之上利用传世文献加以订正，刊行了另一部《水经注》。而明代最为著名的郦学家则非万历年间的朱谋㙔莫属，其所著《水经注笺》更是被顾炎武

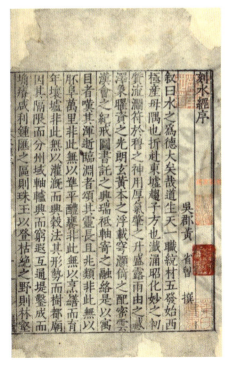

明嘉靖黄省曾本《水经注》

台北"国家图书馆"藏

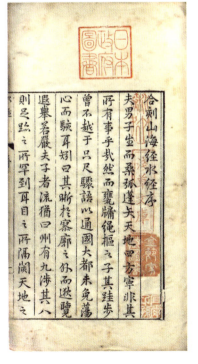

明万历吴琯本《水经注》

日本内阁文库藏

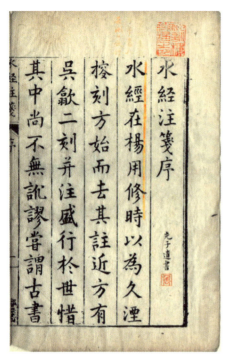

明万历李长庚本《水经注笺》

中国国家图书馆藏

明崇祯严忍公本《水经注》

日本内阁文库藏

推为"有明一部书"，可见其价值所在。自宋代起，《水经注》不仅出现了散佚，而且在保留下来的文本中还出现了《水经》的《经》与郦道元的《注》相混淆的情况。《注笺》本在《经》《注》区分、调整错简、试补脱文等方面做了许多工作，可以说是第一次对《水经注》做了"大手术"。

此外，受当时治学风气的影响，明代还出现了以谭元春为代表的点评《水经注》中精彩文句的词章学派，与郦《注》关注历史与地理的本意已经相去甚远。

至清代康熙年间，对《水经注》的考证研究重新占据了主导地位，并影响了乾隆年间"郦学"四大名家——沈炳巽、全祖望、赵一清、戴震——的研究取向。

清乾隆沈炳巽《四库全书》本
《水经注集释订讹》

中国国家图书馆藏

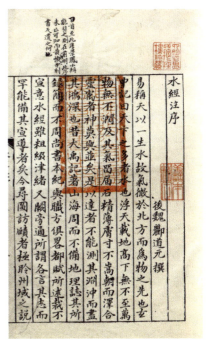

清乾隆全祖望稿本
《五校水经注》

天津图书馆藏

全太史七校水經

殿本師臺錄或編凡三冊一寄山

右張石舟明經一存暨水馮氏一寘行途攜至京師及

出家署東將付抄不果未我師卒於仕事世見存問隨

侍仍以書歸珠而藏之辛壬兵燹之餘在閩病歿一子

甫學步奈訪諸其家書章完好因偶歸甬甲覺斬戔

才時依城西徐氏過訪見之乞借數卷隨鈔隨攜適

徐氏遭贊徼本鈔補其闕始溥澄或完書鈔畢

存餘家爰依馮氏藏本之坿泰山梁本之感惟詳師

謹識數語而歸蔣諸王氏益不勝泰山之感惟詳師

門役起有人他日刊行以廣其德庶吾師於九京

雲同治四年十二月十九日未歲立春節陳勷書

清钞本全祖望《七校水经注》

天津图书馆藏

水經注釋 小山堂雕

清乾隆小山堂初刻本赵一清《水经注释》

中国国家图书馆藏

　　沈炳巽治《水经注》前后数十年，曾携带自己的定本《水
经注集释订讹》与全祖望讨论，其书中见解大多得到后者肯定，
并最终被赵一清收入《水经注释》中。全祖望有关《水经注》
的研究，则集中体现在他的《五校水经注》稿本与《七校水经
注》钞本之中。赵一清撰《水经注释》，得益于其家小山堂丰富
的藏书，以及同全祖望的相互讨论，故其书最终在《经》《注》
厘定上取得突破，建树颇丰。此后由戴震主持官修的武英殿聚
珍本《水经注》，也有着参阅各种郦书和众人互相讨论的优势，

因此殿本在整体的语义通顺、《经》《注》区分及调整错简等方面有着更多的进步。赵、戴二人在《水经注》方面的研究（赵一清后人所刊与戴震所校《水经注》大体相同），还引发了郦学史上著名的"戴、赵相袭"案，经相关学者的长期论战，在 20 世纪 80 年代最终将这一学术公案划上了句号。

清乾隆武英殿本《水经注》

美国哈佛燕京图书馆藏

　　除关注版本校勘之外，清代郦学研究还向舆地与制图方面进行了拓展。咸丰年间的汪士铎撰《水经注释文》，在地望考证和河流流路的梳理上，都有所贡献，并且在此基础上，他还绘制了相关舆图。其后，杨守敬、熊会贞绘制的《水经注图》则代表了其时《水经注》舆地制图类研究的一个巅峰。在编绘这套图集时，杨、熊二氏发现，依照制图的需要，必须对殿本《水经注》文字不断查证和修订。在此过程中，《水经注疏》的雏形开始形成，杨、熊二人前后历经数十年的努力，最终完成了这部郦学传统研

清咸丰汪士铎稿本
《水经注释文》

复旦大学图书馆藏

清光绪杨守敬、熊会贞
《水经注图》

日本早稻田大学图书馆藏

清咸丰汪士铎
《水经注图》

中国国家图书馆藏

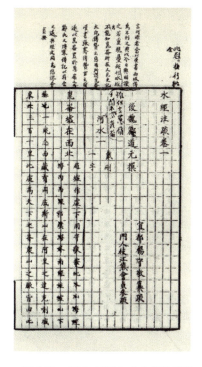

杨守敬、熊会贞稿本《水经注疏》　　　王国维校《水经注》

台湾中华书局影印　　　　　　　吉林大学图书馆藏

究的集大成之作。

　　此后，王国维、胡适等学者对《水经注》的研究都用力甚多，尤其是胡适，在其晚年近二十年的时间里，一直对《水经注》情有独钟，身后留下了大量的研究手稿。当代学者之中，陈桥驿是治郦名家，有多种相关研究的著述刊布。

　　如此重要的一部典籍，在新的时代呼唤且需要新的全面阐释。自 2011 年开始，我本人率领的复旦大学《水经注》研究团

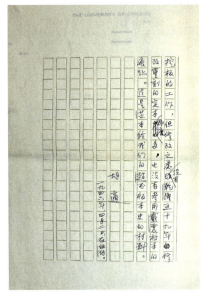
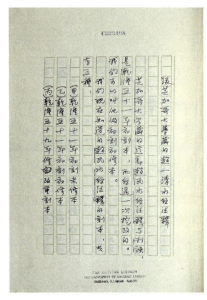

胡适手稿《跋芝加哥大学藏的
赵一清水经注释》末页

胡适手稿《跋芝加哥大学藏的
赵一清水经注释》首页

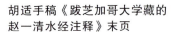

美国芝加哥大学东亚图书馆藏

队，采取每周两到三次小组讨论的形式，在前人研究的基础之上，利用传世文献、考古资料及古旧地图，结合文献学、历史学、地理学等多学科的研究方法，并辅以 GIS 数据分析及 3D 制图软件等现代技术手段，从版本校勘细度、史源探究广度、地理考释深度及地图绘制精度等方面入手，对《水经注》的本体展开了全方位的系统研究——新撰《水经注疏》、新绘《水经注图》，至今已刊行了《水经注校笺图释》系列 3 种 5 册，涉及汾、涑、渭及洛水流域诸篇，同时还出版了《古本与今本：现存〈水经注〉版本汇考》一书，将新时代郦学研究向前做了大的推进。随着时代的推移，一定会有更多的《水经注》研究成果涌现。

　　中国是以农业为主的文明古国。先民由其所居住的周边自然环境，很早就对河流水道有所认识与了解，并逐渐形成了较为系统的文字著述。这些内容，有的保留在流传至今的典籍中，即使是在《尚书·禹贡》《山海经·五藏山经》《汉书·地理志》《说文解字·水部》等这些非专论水文地理的篇章中，也已有相当数量的水道记载，遑论像晋代郭璞注《水经》、北魏郦道元注《水经》这种系统的水道专书了。因此，在中国古代显然存在着撰写水经的传统，且其时"水经"一词也不专指某一部书，而是用作水文地理一类专书的泛称。（周振鹤《中国古代撰写水经的传统》）下面，我们就具体来看一下早期的几种《水经》（或准《水经》式著述）对水道的记载情况。

1.《禹贡》"导水"部分

《禹贡》是中国现存最早的史书《尚书》中的一篇，共有 1 200 字左右，主要分为九州说与五服制两个部分，且前者是主体部分。

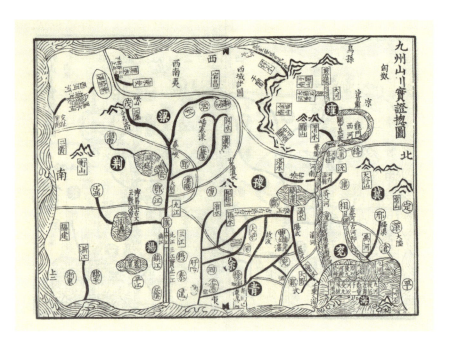

《九州山川实证总图》

宋程大昌《禹贡山川地理图》，中华再造善本在九州部分，先叙述了大禹九州（冀州、兖州、青州、徐州、扬州、荆州、豫州、梁州、雍州）各自的地理范围。然后再谈"导山"，即开凿大山，目的是要通过疏通水道来治水。文中将所提及的 26 座山分为九组，即所谓"九山"。在此部分文字之后是"导水"的记载。

在"导水"部分，将 23 条水分为九组，即"九川"来进行叙述（李零《禹迹考——〈禹贡〉讲授提纲》），其顺序为弱水、黑水、河水、漾（汉）水、江水、沇（济）水、淮水、渭水、洛水。其中，弱水与黑水地处西北；河水、渭水及洛水皆属河水水系；漾（汉）水、江水属江水水系；沇水属济水水系；淮水属淮水水系。河、江、济、淮都是入海的水道，古时称为"四渎"。

至于文中所载导水的顺序，清代有学者认为"弱水、黑水在九州之上游，故先之。中原之水患，河为大，故次河。自河以南，水莫大于江、汉，故次江、汉。河以南，江、汉以北，惟济（李按，即沇水）、淮皆独入于海，故次济、淮。雍水多归于渭，豫水半归于洛，然皆附河以入于海，故以渭、洛终之。先汉于江，先济于淮，先弱水于黑水，先北而后南也。先渭于洛，先上而后下也。"（崔述《夏考信录》卷一）

宋刻元修本杏溪傅氏《禹贡集解》

中华再造善本

　　在《禹贡》中，对所记载的水道的描述还是十分简略的，只是大体涉及河源、流路方向及最后归宿。可见人们当时对这些河流的了解还是十分有限的。

2.《五藏山经》所记水道与《海内东经》所附"水经"

　　大体成书于战国至西汉初年的《山海经》是中国古代典籍中的一部奇书。在3万多字的篇幅中，居然涉及了地理、神话、历史、宗教、动物、植物、矿产、医药等诸多种类。全书共 18 卷，包括《山经》与《海经》两个系统。其中《山经》，又称《五藏山经》，由《南山经》《西山经》《北山经》《东山经》及《中山经》各一卷组成，主要记述了海内各方的山川物产与神怪祭祀等，共涉及 447 座山脉、258 条水道湖泽，是我国最早的一部山岳地理书。

《五藏山经》所记载的这 250 多条水道湖泽，虽然也仅记录了源头、流向与归宿等简单的信息，但从地理分布上来看，所涉及的范围已相当广泛了，北自海河、黄河流域，南到长江中下游地区，说明当时人们对水道的认知已较《禹贡》所记丰富了许多，在一定程度上已经具备了撰写水经的条件。而事实上，在《海经》的《海内东经》中也确实已附上了这样一部"水经"。（周振鹤《中国古代撰写水经的传统》）

这部"水经"的文字内容几乎没有神话成分在内，与《山海经》全书的风格颇为不符，同时也与《海内东经》本文没有接续关系，只是单纯描述了全国范围内 26 条水道的分布情况，很显然是一篇水文地理的专书。清代学者毕沅甚至认为这就是《隋书·经籍志》著录的、后世认为已经亡佚的晋代郭璞所注的《水经》。（毕沅《山海经新校正》）这部"水经"虽然只记录

宋淳熙七年池阳郡斋刻本《山海经》

中华再造善本

元至正二十五年曹善手抄本《山海经》

台北故宫博物院藏

了 26 条水道，远不及《五藏山经》中记载的水道数量，但从所涉及的范围上看则要大了许多，北部已达辽水，南部则到了珠江流域，西北到了黄河支流的清水江，西南则已达长江支流沅水，大体与秦帝国疆域一致。这篇文字应该是一部撰写于秦代的《水经》。(周振鹤《被忽视了的秦代〈水经〉——略论〈山海经·海内东经·附篇〉的写作年代》)

3.《汉书·地理志》水道部分

东汉班固所撰《汉书·地理志》(以下简称《汉志》)，既是第一部正史地理志，也是我国第一部以疆域政区为主体、为纲领的地理著作。

《汉志》全篇包括三个部分：卷首将《尚书·禹贡》与《周礼·职方》两篇文字全部照录，目的是起到对前代沿革简略介绍之效；接下来是《汉志》的正文部分，其一改《山海经》《禹贡》等以山川作为主体来进行写作的方式，而是采用疆域政区为框架来记录相关的信息；《汉志》在正文之后辑录了西汉刘向的"域分"与朱赣的"风俗",虽然带有附录的性质,但这两份资料实可视为西汉时期全国区域地理的总论,其史料价值殊为珍贵。

《汉志》不仅是一部杰出的断代疆域地理志,同时也是一部重要的历史地理著作。在《汉志》所记载的 103 个郡国一级政区中,涉及了郡国的建置沿革、户口数及少数县级政区的沿革,郡国内山泽陂塘的方位、水道源流、水利设施、物产、盐铁官所在地,以及一些有重要意义的地物,如城邑、关隘、乡聚、祠庙、古迹等。

其中在 281 个政区名目之下,班固提及了 324 条具体水道与 131 条"小水"(或称"小江""小溪川"),一共记录有名称的水道(包括一水多名)340 条。(杨智宇《汉代水道研究》)虽然这些水道各自的记述信息不一,或详或略,但这无疑是一份研究汉代及其前后的水道变迁最为系统的资料,价值颇高。透过这份资料,可以想见班固当年在撰写《汉志》时,手边应该有一份甚为完善与丰富的水文资料,只是囿于《汉志》的体例,才将这份资料拆分,将不同水道分别系于与源出之山有关的郡县条目之下。推想这份原材料应该是一部未曾正式露面的汉代《水经》。(周振鹤《中国古代撰写水经的传统》)

《汉书·地理志》

北宋刻递修本《汉书》，中华再造善本

4.《说文解字·水部》水道资料

东汉许慎所编撰的《说文解字》是中国历史上第一部字书，接部首编排字目，每字首列小篆字体，然后对字义进行解释。这种撰写体例，对后世字典的编纂，影响深远。全书共分为15篇，其中第11篇上是《水部》。

《说文解字·水部》共列有字目468个，其中包含有单字水道名称信息的字目有155个，在此之中出现了170个水道名

宋刻元递修本《说文解字》

中华再造善本

称，涉及 161 条具体的水道。（杨智宇《汉代水道研究》）由于体例的限制，有关每条水道的信息，都比较简略，除对一部分水道有较完整的记述外，许多水道或仅列其名，或仅述其方位，或仅提其源头，或仅叙其流路，等等，行文各异。不过，鉴于这些记载颇为集中，且具系统，倘视为一部不全的汉代《水经》，似也可以成立。许慎是文字学家，竟然也能搜集到这样丰富的水文地理资料，似可从侧面说明其时撰写"水经"这类专书已成传统。（周振鹤《中国古代撰写水经的传统》）

在《说文解字·水部》这些记载中，还有一个值得注意的现象，即在对大江大河的源头描述时，都会出现认知问题，但对其归宿的记载，则又大多比较准确。如《说文解字·水部》"河"字目下曰："水。出敦煌塞外昆仑山，发原注海。""江"字目下曰："水。出蜀湔氐徼外岷山，入海。"将黄河的源头竟然追溯到今新疆境内的塔里木河，是其时盛行的河水"重源潜发"观点的一种表述，显然有误；而在对长江的源头描述时，又与其上游的一条支流岷江弄混，这无疑是对其时江水源头的一种普遍认知，明显也与事实不符。不过，对于这两条大河的归宿，认为是"注海"或"入海"，则又都清楚无误。相较于干流，《说文解字·水部》中对一些支流的源头、流路、归宿的解释则呈现出相反的情况，所述的地理信息，大多正确。例如，在"渭"字目下，对渭水（今渭河）即有如下的记载："水。出陇西首阳渭首亭南谷，东入河。"由上述的这些记载可知，其时人们对于一定区域内河流的了解还是大抵不错的，但是一旦超出一定的地域范围，尤其是对于一些人迹罕至的大江大河源头所在，还是会透出较大的地理认知局限。

除《说文解字·水部》之外，汉代的《淮南子·地形训》、《尔雅》的《释水》《释地》中也存有一些水道资料，尤其是在《淮南子·地形训》中，集中提到了37条河流的发源情况，而且有不少内容与《汉书·地理志》及《说文解字》记载有所不同，应该是另有所本（杨智宇《汉代水道研究》），故值得予以充分重视。要之，上述这些史料，对于进一步探究汉代水道，都是大有裨益的。

5. 郭注《水经》与郦注《水经》

在唐人所编纂的《隋书·经籍志》中，记录了名为《水经》的两部注释之作，一部是晋郭璞所注《水经》，3卷；一部是北魏郦道元所注《水经》，40卷。一般认为郭、郦二人所注的《水经》文本是两部内容不同的著作，郭注《水经》今已亡佚，而郦注《水经》，则赖《水经注》得以大部分保存下来。

不过，深究起来，郭注《水经》似乎也不是完全无迹可寻，前文提及的清代学者毕沅即认为《山海经·海内东经》文本末尾所附的全国范围内 26 条水道的相关记载，即是散佚的郭注《水经》中的文字。

至于郦注《水经》，成书颇早，有关其具体的成书年代与撰写作者的问题，虽然学者不乏研究，但一直未有确论。现在一般据《水经》记载所体现出的政区与水道情况，认为《水经》文本的写定时间大体是在东汉三国时期，并非成于一时一人之手，传统上视汉代的桑钦为《水经》作者，并不准确。

《水经》全书 1 万余字，共记载了天下 137 条水道的发源、流路与归宿。但因此书文字今已残缺，实际上仅存 116 条水道的信息。《水经》的行文极为简略，河水（今黄河）是全书中最长的一篇，也只用了 578 个字来描述。（陈桥驿《郦道元与〈水经注〉》）于此我们也就会明白为何郦道元评价这部《水经》是"粗缀津绪，又阙旁通"了。

北魏以后，由于郦道元注《水经》而形成的《水经注》流传渐趋广泛，使得同时存在的其他几部"水经"著述皆隐而不彰，以致现在人们一提起"水经"，首先想到的便是郦注《水经》，"水经"之名也成了郦注《水经》的专称。

不过，事物的存在与发展往往具有两面性。郦注《水经》固然因《水经注》一书而免于亡佚，但由于郦道元撰写的《水经注》太过精彩，是一部"不可无一，不容有二"的佳构，致使《水经》自此之后不仅不再单行，几成《水经注》的附庸，而且在很长一段时间内，连《水经》之名也成了《水经注》的同义语。

或许有感于此，明代正德年间（1506—1521），杨慎率先着手从《水经注》文本中重新辑出《水经》原文，以单行本刊行——目前可见最早的《水经》单行本即正德年间的盛夔刊本。然而，欲重建《水经》的独立地位并非易事。《水经注》在历代的传抄刊刻过程中，逐渐发生了《水经》文本与郦道元的注文混淆的情况，而正确区分《经》《注》原本的文字实非一项可以轻松完成的任务。因而，杨慎《水经》辑本虽具有一定的学术象征意义，但其实际成就则仍值得商榷。其后，经过清代著名学者王峻、全祖望、赵一清、戴震及清末民初学者杨守敬、熊会贞等人的相继努力，《水经注》的《经》《注》混淆问题才最终大体解决。

至于桑钦所撰《水经》，实应为另一部单独的《水经》。郦道元《水经注》自序里提到他注的这部《水经》时，并没有讲是

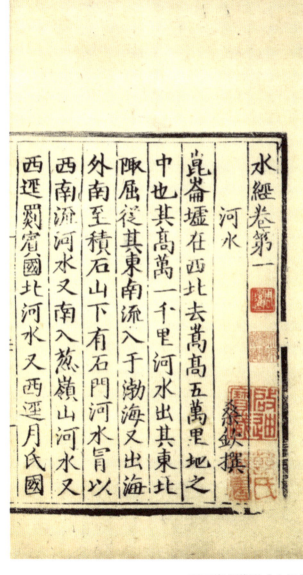

水經卷第一

河水

崑崙墟在西北去蒿高五萬里地之
中也其高萬一千里河水出其東北
陬屈從其東南流入于渤海又出海
外南至積石山下有石門河水冒以
西南流河水又南入葱嶺山河水又
西迆罽賓國北河水又西迆月氏國

桑欽撰

明正德盛夔刊《水经》

桑钦所作，而在书中的注文中又引用了《汉书·地理志》桑钦之说，这已充分说明郦注《水经》与桑钦《水经》，并非一书。

桑钦是西汉末年人，经古文学家。他出于注释《尚书·禹贡》的需要而撰写了一部《水经》。从《汉志》著录的水道信息中有 6 处引用了桑钦的异说来推测，桑钦这部《水经》绝大部分与《汉志》水道部分内容一致，所以班固才会只在几处不同之处注明桑说。但如果据此而认为桑钦《水经》与郦注《水经》毫无关系，恐怕也失之片面。

郦注《水经》末尾有《禹贡山水泽地所在》一篇，内容重在释山而非释水，与《水经》前文风格颇不一致。然而，这部分内容却与《汉志》里面出现的 11 处班固所引的"古文"内容完全一致。这些"古文"文字应该是身为古文学家的桑钦所作，为让人明白《禹贡》中的地名与汉代的某地相当而将其附于《水经》篇末。因此，郦注《水经》保留的这些"古文"信息，说明了其文本必定是在桑钦《水经》基础之上多次增删改写而成的。换言之，桑钦《水经》是郦注《水经》的祖本。这也应该是郦道元不讲其所注《水经》是桑钦所撰，而其后的唐人著录中却认为《水经》是桑钦所作的缘由。（周振鹤《中国古代撰写水经的传统》）

郦道元，字善长，是北魏时期著名的地理学家。有关他的家世，尤其是其生平，在传世文献中的信息并不丰富，需要我们进行一定的考辨与梳理，才能有一个大致清晰的轮廓。

1. 显赫家世

现在一般认为郦道元出生在今天河北省涿州市一个自然风景优美、被称为郦亭（今称道元村）的地方。借助他自己在《水经·巨马水注》中的描述，可以对其家乡有一定的了解：

巨马水又东，郦亭沟水注之。水上承督亢沟水于遒县东，东南流，历紫渊东。余六世祖乐浪府君自涿之先贤乡爰宅其

阴，西带巨川，东翼兹水，枝流津通，缠络墟圃，匪直田渔之
赡可怀，信为游神之胜处也。其水东南流，又名之为郦亭沟。
其水又西南转，历大利亭南入巨马水。

其中提及的"巨马水""郦亭沟水"等都属于今拒马河流域。
倘若认为家乡美丽的自然环境对日后郦道元撰写《水经注》产
生了一种潜移默化的影响，似乎并不为过。

不过，对于郦道元的出生地，学界还存在着不同意见。这
主要是因为郦道元在《水经·淄水注》有关"石井水"的描述
中留下了如下的一段文字：

余生长东齐，极游其下，于中阔绝，乃积绵载，后因王
事，复出海岱，郭金紫惠同石井，赋诗言意，弥日嬉娱，尤慰
羁心，但恨此水时有通塞耳。

郦道元这段中"余生长东齐"、在淄水流域的石井水瀑布之下
游玩的自述，被认为是正值其父郦范首次出任青州刺史之时。
因此有学者便据此认为他应该是生于山东青州，而郦亭仅是其

祖籍之所。

郦道元家世显赫。从上引《水经·巨马水注》之文中可知其六世祖在定居涿县之前曾为"乐浪府君"（乐浪郡是西汉武帝时在今朝鲜半岛设置的汉四郡之一，管辖朝鲜半岛中部和南部地区。西晋末年，乐浪郡地区为高句丽占据，郡遂废弃）。郦道元的曾祖父郦绍在慕容氏建立的后燕政权中任濮阳太守，后在北魏大兵伐燕时，投效北魏，被道武帝拓跋珪授以兖州监军。郦道元的祖父郦嵩，曾任位于西北地区的天水郡太守（《北史·郦范传》）。

郦道元的父亲郦范，字世则，由于《魏书·郦范传》《北史·郦范传》有传，因而其一生的事迹较为清晰。郦范曾先后在北魏太武帝、景穆帝、文成帝、献文帝及孝文帝等五个帝王执政时期担任过高官。其中，在北魏太武帝拓跋焘时，他给事东宫，这是一个在太子左右帮忙办事的职务，从中可以看出郦氏家族在北魏王朝中的地位。等到文成帝即位后，追记郦范在先朝的旧功，赐爵永宁男，任命为宁远将军。献文帝拓跋弘时郦范随征南大将军慕容白曜南征，任左司马，在北魏进攻刘宋的青兖诸州时，颇多献策，立有功劳，进爵为侯，并经慕容白曜举荐任青州刺史。不久，慕容白曜以反叛之名被诛，郦范因

受牵连而被免去青州刺史之职。之后在孝文帝拓跋宏太和年间
（477—499）中期，郦范又以平东将军之名号二次出任青州刺
史，并晋公爵，称范阳公。数年后为部下所诬陷，但孝文帝最
终查清此事，惩戒了诬告之人。之后，郦范还朝。年六十二，
卒于京师。郦范共育有五子，根据《魏书·郦范传》所载的郦
氏世系，可以整理为下图所示（胡适《论赵一清的〈水经注释〉
稿本的最后状态》）:

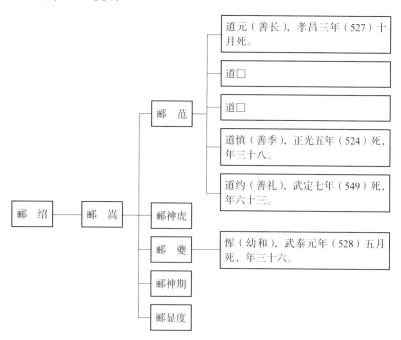

郦道元家族世系示意图

郦道元为郦范的长子，其出生的年代，由于记载其生平事迹的《魏书·郦道元传》与《北史·郦道元传》都没有留下相关文字，因而至今已无法得出明确的结论。郦道元自己在《水经·巨洋水注》中曾说："先公以太和中作镇海岱，余总角之年，侍节东州。"意思是说他父亲郦范在太和年间出任青州刺史时，他正在其父身边，其时恰为他的"总角"之年（"总角"一词最早出现于《诗经》之中，泛指童年。古代儿童将头发分作左右两半，在头顶各扎成一个结，形如两个小"羊角"，故称"总角"）。由于对"总角"一词所指具体年龄存在争议，故有关郦道元的确切生年至今没有定论。在已有的观点中，最早的年代是北魏献文帝和平六年（465）（赵贞信《郦道元之生卒年考》），最晚的时间是北魏孝文帝太和九年（485）（杨守敬《水经注疏》之《巨洋水注》下按语）。现在一般的观点是将郦道元的出生年代大体定在公元472年（陈桥驿《爱国主义者郦道元与爱国主义著作〈水经注〉》）。

至于郦道元的籍贯，相关正史中的记载也是模糊不清，甚至存在错误。上面提及的《魏书·郦道元传》只记载郦道元为"范阳人也"，而《北史·郦道元传》则干脆不予提及。虽然郦道元父亲郦范在《魏书》与《北史》本传中，均被记载为"范阳涿鹿人"，似乎可以据此推知郦道元的籍贯；然而，由于北魏范阳郡下辖的涿、固安、范阳、苌乡、方城、容城及遒七县中，并没有涿鹿县（属今桑干河流域），所以《魏书》与《北史》有关郦范的籍贯记载显然有误。不过，有关郦氏的籍贯，也并非无迹可寻，借助《魏书》中的模糊记载，再加上前文所引郦道元在《巨马水注》留下的一段文字，可以认为郦道元的籍贯为范阳涿县应无疑义。

2. 官宦生涯

郦道元在二十岁左右开始步入仕途。《水经·河水注》载：

余以太和十八年从高祖北巡，届于阴山之讲武台。

又载：

余以太和中为尚书郎，从高祖北巡。

这两处文字记录的应该是同一件事。其中所提及的郦道元本人"以太和中为尚书郎"，正与《魏书·郦道元传》"太和中，为尚书主客郎"的记载相合。可见，其时郦道元以尚书主客郎之职随高祖（即北魏孝文帝）北巡，主要承担为皇帝起草文书的职责。在如此年轻的年纪即承担此要职，说明郦道元非凡的才能很早便被孝文帝发现了。频繁地跟随孝文帝至各地巡视，无疑开阔了郦道元的视野，增长了他的见闻。对于日后他立志撰写《水经注》，可能也起了很大的作用（王守春《郦道元与〈水经注〉新解》）。

除了尚书主客郎一职，郦道元还先后在北魏政权中担任过不少要职。在身为北魏朝廷要员的父亲郦范去世后，郦道元承继了其永宁伯的爵位。随后在《魏书·郦道元传》中有这样的记载：

御史中尉李彪以道元秉法清勤，引为治书侍御史。

《北史·郦道元传》亦有相同的记载，文字略有差异：

御史中尉李彪以道元执法清刻，自太傅掾引为书侍御史。

综合以上二则史料，可知郦道元在他经御史中尉李彪推荐担任治书侍御史一职之前，还做过太傅掾。太傅掾的主要工作也是为帝王起草文书与诏令，而治书侍御史则是依据法律审理疑狱的官职。这两个官职与尚书郎一样，都是与文书条文制度有关的职务，说明郦道元在这些方面颇为擅长。不过，他担任治书侍御史不久，便因李彪遭到仆射李冲的弹劾而受到牵连，丢掉了官职。

此后，郦道元担任职务的记载开始由中央转向地方行政长官。《魏书·郦道元传》载：

累迁辅国将军、东荆州刺史……久之，行河南尹……除安南将军、御史中尉。

《北史·郦道元传》载：

景明中，为冀州镇东府长史。……道元行事三年。……后试守鲁阳郡……延昌中为东荆州刺史……后除御史中尉。

上述《魏书》与《北史》中记载的郦道元为官的情况，虽然不甚完备，并且所述也存在不甚相同之处，但是经过分析并在结合其他相关史料之后，仍可将前后史实的发展脉络梳理清楚。

宣武帝元恪景明年间（500—503），郦道元先任颍川郡太守，之后又为冀州镇东府长史至正始年间（504—508）。《水经·洧水注》载：

> （洧水）又东径长社县故城北，郑之长葛邑也。……魏颍川郡治也。余以景明中，出宰兹郡，于南城西侧，修立客馆。

其中提及的"余以景明中，出宰兹郡"，可证郦道元在景明年间执掌颍川。不过上面所引《北史》中讲郦氏还在"景明中，为冀州镇东府长史"，且"行事三年"。而景明一共四年，那么郦道元是先任职颍川郡，还是先为冀州镇东府长史，便自然成了一个问题。好在《魏书·蛮传》中提及了"永平初，东荆州表□□太守桓叔兴前后招慰大阳蛮归附者一万七百户，请置郡十六、县五十，诏前镇东府长史郦道元检行置之"一事，由此可知郦氏出任东荆州之职前担任的是镇东府长史，也即《北史》提到的"冀州镇东府长史"，而年号"永平"又在"景明"

与"正始"之后，这样，也就清楚郦道元担任颍川太守与冀州镇东府长史这两个职务的前后关系了。

宣武帝永平年间（508—512），郦道元在完成了赴东荆州置郡事后，又出任鲁阳郡太守。《水经·汝水注》载：

> 余以永平中，蒙除鲁阳太守。

这一记载正可与前引《北史》所载"后试守鲁阳郡"相应。在任太守期间，郦氏治郡有方，重视百姓的基础教育，"表立黉序，崇劝学教"。而且也对郡内的治安严加整治，取得了很好的效果，"山蛮伏其威名，不敢为寇"。

宣武帝延昌年间（512—515），郦道元担任东荆州刺史。除上引《魏书》与《北史》的《郦道元传》对此事有所提及外，在《水经·沘水注》里还有一段文字记载得更为明确：

> 余以延昌四年，蒙除东荆州刺史，州治比阳县故城。

不过，由于行事过于威猛严厉，郦氏担任这一官职的时间不长，便遭到当地民众的举报而被免职。《魏书·郦道元传》所载"（道元）累迁辅国将军、东荆州刺史。威猛为治，蛮民诣阙讼其刻峻，坐免官"可资为证。

孝明帝元诩正光年间（520—525），郦道元升任河南尹。上引《魏书》对此事虽有记载，但并未说明具体的时间。《周书·赵肃传》所载"魏正光五年，郦元为河南尹，辟肃为主薄"恰好弥补了这一缺环。

其后郦道元又在孝明帝孝昌年间（525—527），为安南将军、御史中尉。在御史中尉一职上，郦道元依然保持了威严的架势，秉公执法，不与强权妥协，"权豪始颇惮之"。《魏书·郦道元传》与《北史·郦道元传》就共同记载了郦道元为人耿介正直，为官执法清刻严正的如下一则故事：

北魏孝文帝的幼子汝南王元悦对丘念宠爱有加，在选举州官时，完全听其操纵。郦道元对丘念的行径十分不满，找到机会将他关进监狱。元悦得知消息后，上告胡太后，请求释放丘念。但郦道元抢在胡太后释放令下达之前把丘念处死，还用此事检举了元悦的违法行为。

郦道元的上述做法无疑造成了元悦对他的不满，并最终招致杀身之祸。其时雍州刺史萧宝夤已有反叛之意，元悦等人于是借故劝说朝廷，在孝昌三年（527），派郦道元出任关右大使。果不其然，在赴任的路上，郦道元就被萧宝夤所派之人杀死，一同遇害的还有他的弟弟及两个儿子。据《北史》的记载，当时郦道元被围困的地点为"阴盘驿亭"。

> 既被围，穿井十余丈不得水。水尽力屈，贼遂逾墙而入。……道元瞋目叱贼，厉声而死。

撰写《水经注》的作者，最终居然因缺水而亡，实在令人不胜唏嘘。后来，萧宝夤发动叛乱，旋被平定，郦道元又被追封为吏部尚书、冀州刺史。

据《魏书·郦道元传》可知，郦道元一生好学，历览奇书，生前著述本不限于地理，但流传后世的，唯有《水经注》一种。那么，郦道元为什么会撰写《水经注》呢？这部书又是在怎样的体例下编纂完成的？下面就让我们一探究竟吧。

1. 著述背景

在《水经注·原序》中，郦道元对为何要撰写这样一部书，透出了一些端倪。这篇序文在明代各种《水经注》刊本中都付诸阙如。直到清代乾隆年间，治郦名家赵一清撰写《水经注释》时，才从民间流传的明钞本《水经注》中抄录到部分的郦道元原序，并发出"天下至宝"的感叹。而世人得以见到完

整的郦氏原序文字，最先是借助四库馆臣从《永乐大典》中迻
录并刊于武英殿本《水经注》之中才实现的。下面我们就来具
体看一下这篇序文中提及的有关著述背景的部分（其中有关撰
述方法的部分留在下文中讨论）：

> 《易》称天以一生水，故气微于北方，而为物之先也。《玄
> 中记》曰：天下之多者水也，浮天载地，高下无所不至，万物
> 无所不润。及其气流届石，精薄肤寸，不崇朝而泽合灵宇者，
> 神莫与并矣。是以达者不能测其渊冲而尽其鸿深也。

水无处不在，万物无不受到水的滋润。早在郦道元撰写《水经
注》之前很久，中华先民就已认识到水在自然界中的重要性。
在序文的开篇，郦道元便引经据典，强调水的普遍性与重要意
义，为下文进一步的论述起兴铺陈。

> 昔大禹记著山海，周而不备；《地理志》其所录，简而不
> 周；《尚书》《本纪》与《职方》俱略；都赋所述，裁不宣意；
> 《水经》虽粗缀津绪，又阙旁通。所谓各言其志，而罕能备其
> 宣导者矣。今寻图访赜者，极聆州域之说，而涉土游方者，寡

能达其津照，纵仿佛前闻，不能不犹深屏营也。

郦道元认为虽然先秦至秦汉时期即有《尚书·禹贡》《周礼·职方》以及《汉书·地理志》等关于水道及其分布的记载的典籍出现，但这些地理书中的内容都不是很详细，不是"周而不备"，就是"简而不周"，皆存在一定的缺陷。然后又提到与其同时代的人，虽然见多识广，却没能补充修订前代的记载。言外之意，需要有一部新的著述出现来做相应的弥补。

余少无寻山之趣，长违问津之性。识绝深经，道沦要博。进无访一知二之机，退无观隅三反之慧。独学无闻，古人伤其孤陋；捐丧辞书，达士嗟其面墙。默室求深，闭舟问远，故亦难矣。然毫管窥天，历筒时昭，饮河酌海，从性斯毕。窃以多暇，空倾岁月，辄述《水经》，布广前文。

在这段文字中，郦道元谈及撰写《水经注》的缘由和指导思想。他一方面谦虚地说自己学识有限，另一方面也表达了自己知难而上的意愿，希望利用闲暇时间，通过做点增补《水经》的工作来丰富前人的著述。具体而言，郦道元特别用了两种类比（"看天"的方式和了解大河大海的方式）来指出从局部到整体的认识过程中，研究方式方法的重要性：在"看天"问题上，用细管窥天，从竹筒里有时也可以看得十分清楚；在了解河海方面，只要喝几口河海里的水，其性质如何，也就都可全面了解了。换言之，在认识事物时要把握事物的本质，方式方法上虽不能穷尽对整体的研究，但是可以从"性"出发去把握研究对象的特点，遵从由个别到整体、特殊到一般的哲学思辨，其中暗含着类似于现代科学方法中演绎与归纳的逻辑推理方式。同时，这些基本的研究手段，也就是郦道元"布广前文"的方法。要之，郦道元通过此段文字"坦白承认其著作的出现是因为空闲时间太多，担心虚度了年华，所以才拿《水经》来消遣，将'前文'加以'布广'，而结果却衍绎为一本空前绝后的大著作"（周振鹤《不可无一　不容有二——〈水经注校笺图释·渭水流域诸篇〉序》）。

　　但绵古芒昧，华戎代袭。郭邑空倾，川流戕改。殊名异目，世乃不同。川渠隐显，书图自负。或乱流而摄诡号，或直绝而生通称。枉渚交奇，洄湍决渡。躔络枝烦，条贯系骉。十二经通，尚或难言。轻流细漾，固难辩究。正可自献径见之心，备陈舆徒之说，其所不知，盖阙如也。所以撰证本《经》、附其枝要者，庶备忘误之私，求其寻省之易。

这段文字是郦道元《原序》中的最后一部分内容。在这里，他详细表达了为《水经》作注的具体困难。时间上，距离《水经》成书年代已经久远；空间上，城郭兴废，河湖改易；人们的记述中，地名、水名既有变易又有重复，与图籍所载常难以相合；加之《水经》所涉水系本身庞大而且繁复，后人欲厘清其中源流、辨明古今变迁，实非易事。面对这种情况，作为北魏要员的郦道元感触颇深，撰写一部反映这些变迁的历史地理著作也就自然成了他的一种迫切愿望。不过，他并没有把这一意愿直接表露出来，而仍是采用了一种谦逊委婉的方式说撰写《水经注》是"庶备忘误之私，求其寻省之易"，只是想整理一份方便自己查阅的资料，以防遗忘或谬误。

另外，在魏晋南北朝时期，记载风土人情与地理的各种地志的撰述颇为盛行。这些书籍的出现也为郦道元提供了丰富的文献参考，在客观上为他最终撰写完成《水经注》提供了可能。不过，这些文献也常常会有矛盾之处，存在的问题也不少，即郦氏所说的"书图自负。或乱流而摄诡号，或直绝而生通称"。因此，在郦道元看来，如何辨析这些记载而不致以讹传讹也是一件亟需要做的事情，撰写《水经注》这样一部书便不失为一个好的解决办法。

要之，他的这一行为表面看上去是一种"无用之用"的个人创作追求，但实际上与其所处时代息息相关，是时代的必然产物。郦道元撰述中的求实存真、博采众说之举，不仅开创了一种新的文体，同时也为后世留下了一份极其珍贵的文献资料。我们今天了解中古及其以前的地理问题，须臾不能离开这部旷世奇书。

2. 成书时间

那么，郦道元又是在何时撰写完成《水经注》这部书的呢？由于史籍失载，学界虽不乏讨论，但至今尚无定说。学者们大都是据《水经注》文字中郦道元所提及的相关信息进行估计而得出一种说法。

胡适在《试考〈水经注〉写成的年岁》一文中经过发掘相关史料，并加以分析考证，最后得出如下的结论：

郦道元一生最闲暇的时期，大约是他从东荆州刺史任上还京被免官，到他做河南尹的时期。他做东荆州是在延昌四年（515）；他做河南尹，据《北周书·赵肃传》，是在正光五年（524）。这中间有九年的时间。《水经注》里没有在正光初年以后的史事。也许这部大书是他免官之后，起复之前，发愤写成的。

继胡适之后，又有一些学者对《水经注》的成书时间做了进一步的探讨。贺昌群认为《水经注》撰成于延昌、正光年间（贺昌群《影印〈水经注疏〉的说明》），与胡适观点大体相同。岑仲勉则认为"郦注之成，应在延昌至孝昌（512—527）时代"（岑仲勉《〈水经注〉卷一笺校》）。陈桥驿认为"（《水经注》）书中所出现的最后一个年代是延昌四年（公元515年），而郦道元于孝昌三年（公元527年）被害，所以此书的写成，必在这十余年时间之间。总之，是在郦道元在世的最后十多年时间之中"（陈桥驿《郦道元与〈水经注〉》）。另外，还有学者认为《水经注》

成书于孝昌元年（525）至孝昌三年十月之间（徐中原《〈水经注〉研究》），或者认为《水经注》成书的最早时间是在正光二年（521）至四年之间，最晚在孝昌三年郦道元被害之前（张鹏飞《郦道元年谱拾遗补正》）。

除了中国的学者，国外的汉学家对《水经注》的成书时间也有过涉及，其中日本治郦名家森鹿三认为《水经注》的写作年代为北魏延昌四年到正光五年之间（森鹿三《〈水经注〉（抄）》），此说也正与前文提及的胡适观点相合。

总之，虽然在郦道元撰成《水经注》的具体时间上，学者们存在分歧，但其所认为郦道元完成书稿的时代区间区别不大。因此，倘认为《水经注》这部书撰成于郦道元被害之前的一段时间里，应该与当时的实际情况相去不远。

3. 写作方法

有关郦道元撰写《水经注》的方法，在前面提及的《原序》中，亦有所涉及：

　　《大传》曰："大川相间，小川相属，东归于海。"脉其枝流之吐纳，诊其沿路之所躔，访渎搜渠，缉而缀之。《经》有缪误者，考以附正。文所不载、非《经》水常源者，不在记注之限。

此段首起《大传》（汉初伏胜所著《尚书大传》的简称，久已残缺，今存清代陈寿祺重校补本五卷）引文，详细介绍"记注"过程和体例。其中需要注意的是，郦道元所提到的"访渎搜渠"，不能单纯理解为实地考察，而应当看作是他在众多历史资料中爬疏，之前两句"脉其枝流之吐纳，诊其沿路之所躔"所指，便是他爬疏史料的具体方法，然后将所得材料"缉而缀之"，并考证《水经》文字的谬误。之后两句则特别指出特例的处理方式：所谓"文所不载"，指的是那些不在史料中出现的河流；而"非《经》水常源者"则指那些虽然出现在史料中，但却不是《水经》中提到的常流不断的水源。凡此二者，郦道元都不会纳入《水经注》一书中"记注"的范围。因此，结合之前《原序》一段文字中郦道元提到自己——"少无寻山之趣，长违问津之性"——并无探访名山大川的兴趣和性情来看，显然"记注"的主要来源不是实地走访而是各种文献资料，这恰好和"访渎搜渠，缉而缀之"相暗合。

同时，从郦道元在《原序》里提及的这一点，也可以让我们得出一个结论，即《水经注》实际成书情况和我们一般想象的不一样，书中的大部分内容都应该来自北魏及其以前时期各类相关文献，而仅有很少一部分才是依据他自己的亲见亲闻而记录下来的文字。很多地方郦道元实际上没有到过，但描述得依然很正确，这个正确与否不是取决于郦道元本人是否实地到过，而是他是否采用了记载准确的文献，或者从矛盾的记载中经合理辨析后得出了正确的看法。

4. 编排次序

郦道元撰写的《水经注》有四十卷，所记载的水道顺序是先北方，后南方。其中涉及了河水（今黄河）、济水（今已无对应水道）、淮水（今淮河）及江水（今长江）四大水系，另外还有河水以北、山东及江水以南以独流为主的诸水，条理还是较为清晰的。不过，细读《水经注》，就会发现在内容的叙述次序上，颇存在一些不甚合理之处。

如在记载的河水水系中，夹进了济水与河水以北诸水，而在河水的支流顺序中，本应该列在汾水等今山西省境内诸水之次的渭水，却被置于洛水流域诸篇之后。记载淮水水系时，在叙述淮水干流之前，却先插入了几卷入淮的诸水。沔水有三卷的内容，但在最后一卷中又将沔水入江后的一段本属江水的部分记载其中，且仍称沔水而不是江水，另外还将单独入江的潜水（今潜江）也列在此卷之中。至于江水及其他入江诸水，则相对比较集中，只有少数支流散见在其他卷中，问题显现得相对较少。

鉴于上述情况，清代学者全祖望首先开始着手调整《水经注》的水道叙述顺序，并在其《五校水经注》中加以呈现。戴震也曾撰《〈水经〉考次》，并在自订《水经注》（不分卷）中按照自己调整的《水经》次序而重新编排郦道元文字。现结合前人研究成果，将《水经注》通行本的卷目编次与据水系调整后的卷目顺序列表对照（参见折页所附"《水经注》卷目次序调整前后对照表"）。

经过上述的卷目调整后，其中所列出的 143 条水道名目，结合《水经注》所注《水经》的具体内容，可大致绘制成干支流关系示意图（参见折页所附"《水经注》卷目所载水道干支流关系示意图"）。

这张示意图中所反应的干支流关系，用今天的科学眼光去审视，当然会发现其中所存在的不少问题。但倘若换一个角度来看，或许不无价值，因从中我们大致可以了解《水经》时代人们对河流水道的认知程度。

《水经注》的内容与价值

《水经注》一书体大思精，缜密谨严，资料详赡，叙述时不急不徐，主次有序，有条不紊，凸显出郦道元成竹在胸的高超撰写技艺。

河流水道是《水经注》记载的主体，郦道元虽然以《水经》所载的水道为纲，但突破了《水经》只记干流的简单叙述方式，对每条水道的干流的发源、流向、一二三甚至四级支流的汇入、最终归宿等，一一做了详细而有条不紊的描述。具体到一条水道的流路时，郦道元会先从这条水道的源头说起，然后沿着水道的干流往下讲；当遇到干流与某一支流交汇时，就又会从交汇处上溯这条支流的流路，从支流的源头讲起，最后回到和干流交汇的地方；随后，再继续沿着干流的流路讲下去。所以，他虽然记载了那么多条河流，但是每条河流的具体情况都非常清晰。郦道元就是用这样的叙述方法将千余条大小支流统领于几十条干流之下，并且在其间穿插大量湖泊、沼泽、泉源及水利工程，体现了完善的河流水系概念，这是以前任何著述都不能企及的。《水经》里只讲了水道的干流，对支流不大关注。郦道元则不仅兼顾了干支流，而且还在对水系地理的描述中，把历史、人文、自然的很多信息也都十分巧妙地记载了下来，在为地理景观增加时间的深度的同时，又给历史信息增加了空间的相连。这也是为什么大家会对《水经注》叹为观止的原因，很多地方郦道元完全没有去过，他也一样可以把《水经》的内容发扬光大，形成了我们今天看到的《水经注》的样貌。不得不说，在中国历史上，郦道元实在是一位连缀各类文献的高手。

《水经注》不仅体例完善，而且所载内容也极为宏丰。对书中内容的时间断限问题，传统的观点认为其记载所反映的是北魏时期的基本情况。然而，通过进一步的研究发现，《水经注》实际上是一部内容丰富的历史地理著作，郦道元在书里除对北魏时期的地理信息有所反映外，更主要关注的是北魏之前的情况。对《水经注》所载的这些具体内容，当代学者陈桥驿曾有过非常细致的分类研究（陈桥驿《〈水经注〉研究》）。下面就以其研究成果为主，将《水经注》一书中所载的主要内容，大致介绍如下。

1. 地理学方面

《水经注》一书中记载的有关自然地理学与人文地理学方面的资料非常丰富，现分类叙述予以说明。

（1）自然地理学

第一，由于《水经注》这部书以水道为纲来展开叙述，因此首先应该提及的是与河流学及水文地理有关的内容。在书中所记载的 1 200 余条水道中，干支流的一些基本情况都有十分具体的反映。如《水经·渭水注》载：

渭水又东，伯阳谷水入焉。水出刑马之山伯阳谷。北流，白水出东南白水溪，西北注伯阳水。伯阳水又西北历谷，引控群流，北注渭水。

郦道元这段有关渭水东流的描述，虽然文字不长，但已将渭水主干及其一级支流伯阳谷水、以及伯阳谷水的一级支流（亦即渭水的二级支流）白水各自的情况与彼此两两接纳（白水纳入伯阳谷水，伯阳谷水又纳入渭水）的相互关系清晰地表述了出来。从历史地理的角度看，《水经注》有关河流水道的记载，学术价值极高。按照《水经注》记载的水道干支流的状况，并结合相关史料，完全可以对历史时期的水系进行复原，从而展现其时的河流水文地貌，绘制出非常完整的水道流域图。

除了对水道的干支流进行描述外，《水经注》还对流域内出现的湖泊、陂池、瀑布、急流、井泉、伏流以及季节河等，尽可能详细地加以记录。

如《水经注》中记载的湖泊，在名称上就细分为海、泽、薮、湖、淀、陂、池等等。有的面积很大，方圆可达数百里（如《水经·湘水注》所载的洞庭湖，"湖水广圆五百余里"）；有的则十分狭小（如卷四《河水注》所载的华池，"池方三百六十步"）。有些地区湖泊分布众多（如《水经·淮水注》中记载有大量的陂湖），有些地方则湖泊稀少（如在西北地区）。《水经注》反映的这些湖泊情况，对研究古今湖泊的变迁是极好的资料。

又如在《水经注》一书中，有关瀑布的记载就超过60余处，有关温泉的记载也近40处，其分布涉及许多区域。这些资料对于我们今天了解历史时期的河流水量变化与温泉的变迁，也都有很大的帮助。

不仅如此，郦道元还对一些河流的特殊水文现象有所关注，并不乏较为详细的记录。如对黄河含沙量的描述，在《水经注》中就颇有代表性。《水经·河水注》载：

《尔雅》曰：河出昆仑虚，色白，所渠并千七百一川，色黄。《物理论》曰：河色黄者，众川之流，盖浊之也。百里一小曲，千里一曲一直矣。汉大司马张仲议曰：河水浊，清澄一石水，六斗泥……是黄河兼浊河之名矣。《述征记》曰：盟津、河津恒浊……

由上述记载可以知道，黄河在河源一带，水质并不混浊。只是随着河流主干逐渐接纳了众多支流之后，尤其是在中游以下，黄河才变得含沙量大增，形成了盟津（今孟津）等地"恒浊"的水文现象。

第二，《水经注》中还记载了大量的地貌资料。不仅有山、岳、峰、岭、坂、冈、丘、阜、固、障、崿、矶、原等高地地

黄河青海贵德段

沈国栋摄

山西省平陆县黄河古栈道

乔添余摄

貌的描述，也不乏川、平川、野、沃野、平原、平地、原隰等低地地貌的描写。据统计，书中仅山岳、丘阜等地名的收录，就近 2 000 处，于此可见《水经注》一书相关资料的丰富。不过，在此需要指出的是，限于当时的科技条件，郦道元对这些地貌的记载，还停留在定性描述的阶段，书中虽有一些地貌数据资料，但绝大多数并不可靠，明显有夸大之嫌（如《水经·鲍丘水注》载无终山高达八十里）。

除了各种类型的高地与低地，在一些地区出现的特殊地貌，如喀斯特地貌与西北地区的沙漠地理景观，在《水经注》

中也有不少记录。全书记载各种洞穴共计 70 余处，其中可以确定为是喀斯特地貌的至少有 10 余处。例如，《水经·灅水注》即载："代城东南二十五里有马头山，其侧有钟乳穴。"而西北地区的塔克拉玛干沙漠、额济纳沙漠、鄂尔多斯沙漠等干燥区地理景观，在《水经注》中也能见到有关的描述，像《水经·禹贡山水泽地所在注》中就对居延海一带额济纳沙漠所存在的流动沙丘的状况进行了形象的刻画。

另外，还值得提及的是《水经注》中大量的有关峡谷地貌的记载。峡谷是河谷的一种类型，在书中称"峡"（含称"门"或"隘门"）的地名有 70 多处，几乎都与现代峡谷的定义相符合。从《水经注》中对峡谷的具体描述来看，郦道元主要是针对峡谷两岸的地势险要（如《水经·渭水注》载新阳峡"崖岫壁立"）与谷中水道的湍急（如《水经·湘水注》载空冷峡"惊浪雷奔"）这两大特点而着力用墨。

第三，《水经注》中对各种有用矿物的地理分布也做了较为详实的记录。诸如燃料矿物中的煤炭、石油、天然气，金属矿物中的金、银、铜、铁、锡、汞，非金属矿物中的雄黄、雌黄、硫黄、盐、石墨、云母、石英、琥珀、玉、建筑石材等

塔克拉玛干沙漠雪景

沈国栋摄

矿物的性状、用途及其地理分布都有较为详细的记载。如《水经·河水注》即有对石油的描述：

　　清水又东径高奴县，合丰林水。《地理志》谓之洧水也。故言高奴县有洧水，肥可然，水上有肥，可接取用之。《博物志》称酒泉延寿县南山出泉水，大如筥，注地为沟。水有肥如肉汁，取著器中，始黄后黑，如凝膏，然极明，与膏无异。膏车及水碓缸甚佳，彼方人谓之石漆。水肥亦所在有之，非止高奴县洧水也。

其中提及的"水肥"，如"肉汁"，"取著器中，始黄后黑，如凝膏，然（即"燃"）极明"，说的就是我们今天的石油。郦道元在这里综合了《汉书·地理志》与《博物志》中的说法，不仅清晰地描述了石油的性状及用途，还将石油在西北地区有着广泛分布的特点揭示出来了。类似这样的记载，对于我们现今勘探、开采以及利用有用矿物，仍具一定的参考价值。

　　第四，在《水经注》一书中，有关地史与古生物方面的资料也时有可见。如《水经·淮水注》中即有"吴伐楚，堕会稽，获骨焉，节专车"的记载（此句文字郦道元当引自《国语·鲁语》），其中提及的"获骨焉，节专车"，指的应该是地质时期巨大的爬虫类骨骼化石。又如《水经·涟水注》载：

> （涟水）东入衡阳湘乡县，历石鱼山下，多玄石，山高八十余丈，广十里，石色黑而理若云母。开发一重，辄有鱼形，鳞鳍首尾，宛若刻画，长数寸，鱼形备足。烧之作鱼膏腥，因以名之。

这段文字描述了其时在衡阳湘乡县石鱼山发现的鱼类古化石情况。其中的"开发一重，辄有鱼形，鳞鳍首尾，宛若刻画，长数寸，鱼形备足。烧之作鱼膏腥"的"鱼形"石，显然就是我们今天说的鱼化石。这样的记载，可为地史与古生物学方面的研究提供参考。

第五，《水经注》中还有不少有关土壤地理学、植物地理学及动物地理学方面的资料。如《水经·沔水注》中描述今汉水山地河谷地带分布有"黄壤"的情况，在今天依然可以得到印证。又如《水经·汾水注》讲到汾水发源的管涔山"重阜修岩，有草无木"，其时这一地区的植物分布情况，借助郦道元的记载而让我们得以有所了解。据统计，《水经注》中出现的植物种类就有 140 多种，从针叶的松、柏到阔叶的樟、栎，等等，其地理分布均有记录。至于《水经注》中动物地理学的记载同样丰富，包括鱼、象、犀、蛇、鸟、猩猩等 100 多种类别的动物都有提及，可谓不胜枚举，不一而足。在此以一则《水经·叶榆河注》中记载为例，以窥一斑：

> 山多大蛇，名曰髯蛇，长十丈，围七八尺，常在树上伺鹿兽。鹿兽过，便低头绕之，有顷鹿死。先濡令湿讫，便吞，头角骨皆钻皮出。山夷始见蛇不动时，便以大竹签签蛇头至尾，杀而食之，以为珍异。故杨氏《南裔异物志》曰：髯惟大蛇，既洪且长。采色驳荦，其文锦章。食豕吞鹿，腴成养创。宾享嘉宴，是豆是觞。言其养创之时，肪腴甚肥，搏之，以妇人衣投之，则蟠而不起走，便可得也。

郦道元这里提到的"髯蛇"，应即今天所说的蟒蛇，生活在热带亚热带地区的丛林之中，属大型爬行动物。《淮南子·精神训》中也有"越人得髯蛇，以为上肴"的记载，可与郦道元在书中所记载的南方交趾郡地区人们喜吃这种大蛇"以为珍异"的习俗相印证。

除以上所述，在此方面最后需要指出的是，虽然《水经注》记载有关自然地理学方面的内容宏丰，但囿于其所处的时代，书中记载也有不少失实甚至是错误之处，这是值得大家特别注意的。现以《水经注》中记载的地下河流的情况加以具体说明。

郦道元在书中常将地下河流称为伏流或重源（即水道发源后又潜入地下一段距离，再从另一处流出地面）。据统计，书中有关伏流的记载有 30 多处，可见郦道元对此类水文现象的重视。然而，由于古人对此现象形成的真正原理认知有限，因而在记录时便会产生以讹传讹的情况，甚至会荒诞不经。郦道元对河水（黄河）重源（伏流）的记载即是如此。《水经·河水注》载：

> 高诱称河出昆山，伏流地中万三千里，禹导而通之，出积石山。

又曰：

　　余（按，指郦道元自己）考群书，咸言河出昆仑，重源潜发，沦于蒲昌，出于海水。故《洛书》曰：河自昆仑，出于重野。谓此矣。

又曰：

　　河水重源有三，非唯二也。

又曰：

　　河自蒲昌，有隐沦之证，并间关入塞之始。……河水重源，又发于西塞之外，出于积石之山。

上面郦道元在《水经·河水注》中四次提及的河水"伏流"、"重源"，即是其时流行的"黄河重源"说。古人认为黄河由昆仑山发源后，在蒲昌海潜流地下，然后再到积石山（今青海东南部阿尼玛卿山）才又流出地面。其实，这是古人对于黄河河源认识不清所致，所谓"黄河伏流（重源）"前的昆仑山至蒲昌海一段，应该是说的今塔里木河的情况，与黄河的河源了不相涉。郦道元在这个问题上也不可避免地扮演了以讹传讹的角色，这是由于其时代局限性所决定的。对此我们应该客观看待，而无需求全责备。

（2）人文地理学

除了以上有关自然地理学方面的记载之外，《水经注》中对人文地理学方面的记载也十分注重。

第一，《水经注》对水道所流经的大小城邑及其建置沿革做了比较详尽的记录。据统计，全书记载的县级城市及其他城邑有2 800余座，古都180余座（陈桥驿《郦道元评传》）。其中对某些古都的记载，尤为详尽。如《水经·穀水注》对汉魏洛阳城的描述，不仅叙述了城周边与城内水道的走向，而且还对城门、城郭、城内宫殿、苑囿、官署、城内外的道路、佛寺、桥梁等等诸多方面进行了详细的描述。《水经注》中的这部分文字，恰好可与另一部记载北魏洛阳城细节的名著——杨衒之的《洛阳伽蓝记》相互补充。二书合观，可以将汉魏洛阳城的面貌基本复原。

第二，《水经注》中对有关水道沿岸所建造的宫殿、苑囿、园圃、寺庙、陵墓等，也颇为关注，留下了大量的相关资料。

如《水经·浊漳水注》载：

> 漳水又对赵氏临漳宫，宫在桑梓苑。多桑木，故苑有其名。三月三日及始蚕之月，虎帅皇后及夫人采桑于此。今地有遗桑，墉无尺雉矣。

其中提及的"桑梓苑"，即是一处颇与书中记载的一般以人造山水为主的皇家园林不同的宫廷苑囿，专以种植桑树便利养蚕为目的。

又如《水经·榖水注》载：

> 水西有永宁寺，熙平中始创也。作九层浮图，浮图下基方十四丈，自金露盘下至地四十九丈，取法代都七级，而又高广之，虽二京之盛，五都之富，利刹灵图，未有若斯之构。按《释法显行传》，西国有爵离浮图，其高与此相状，东都西域，俱为庄妙矣。

北魏洛阳城内的永宁寺，是当时全国最大的一处寺院。郦道元

永宁寺塔复原图

引自王贵祥《北魏洛阳永宁寺塔可能原状再探讨》

在记录这座皇家寺院时，并没有面面俱到，而是就寺中那座高耸入云的标志性建筑九层浮图（佛塔）进行了重点描述，在凸显这座佛塔壮观的同时，也映衬出永宁寺在当时佛教界的显赫地位。当代通过对永宁寺的考古发掘，并结合郦道元的记载，得以将寺内的这座九级木结构浮图拟构复原。

第三，《水经注》对古代的桥梁、水利工程等也有大量的记载，于此可推知这方面也是郦道元所热衷的内容。据统计，书中对各类桥梁的记载超过90余座，对于探究中国古代的桥梁建筑，是极为有用的资料。如《水经·榖水注》载：

谷水又东出，屈南，径建春门石桥下，即上东门也。……
桥首建两石柱，桥之右柱铭云：阳嘉四年乙酉壬申，诏书以城
下漕渠东通河、济，南引江、淮，方贡委输所由而至，使中谒
者魏郡清渊马宪监作石桥梁柱，敕敕工匠尽要妙之巧，攒立重
石，累高周距，桥工路博，流通万里云云。河南尹邳崇嵬、丞
渤海重合双福、水曹掾中牟任防、史王荫、史赵兴、将作吏睢
阳申翔、道桥掾成皋卑国、洛阳令江双、丞平阳降、监掾王腾
之、主石作右北平山仲，三月起作，八月毕成。其水依柱文，
自乐里道屈而东出阳渠。

此处提及的这座建春门外石梁桥，不仅由于郦道元的记载而使
人得知其大致的形制，而且还由于其记载保留了桥首石柱上的
铭文，使我们对这座桥的兴建时间、目的、工期以及负责施工
的官员籍贯、姓名等等诸多细节，皆有所了解。这些记载对探
究中国古代桥梁的兴建与相关技术，可谓弥足珍贵。

不仅桥梁如此，水利工程在《水经注》中的记载同样受到
特别的重视。北魏及其之前的许多水利工程，在书中都有或多
或少的记载。这些水利工程在书中以陂湖、堤、塘、堰、竭、

渠、水门、石逗等名称出现，所起的作用主要是涉及农田灌溉、防洪、航运等方面。著名的有都江堰（《水经·江水注》）、成国渠（《水经·渭水注》）、芍陂（《水经·肥水注》），等等。现以书中一处有关的记载为例，加以进一步说明。《水经·榖水注》载：

> 旧渎又东，晋惠帝造石梁于水上。按桥西门之南颊文称，晋元康二年十一月二十日，改治石巷、水门，除竖枋，更为函枋，立作覆枋屋，前后辟级，续石障，使南北入岸，筑治漱处，破石以为杀矣。到三年三月十五日毕讫。并纪列门广长深浅于左右巷，东西长七尺，南北龙尾广十二丈，巷渎口高三丈，谓之皋门桥。

《水经注》在这里记载的"皋门桥"，实是一座水门，位于汉魏洛阳城西北自西而东流的榖水（文中称"旧渎"）之上，虽然称不上是什么大的水利工程，但由于其主要功能是调节榖水从西北进入洛阳城的水量，因而其作用非同一般。郦道元将桥上所记载的改建时间与涉及水门改造的技术特点（"改治石巷、水门，除竖枋，更为函枋，立作覆枋屋，前后辟级，续石障，使南北入岸，

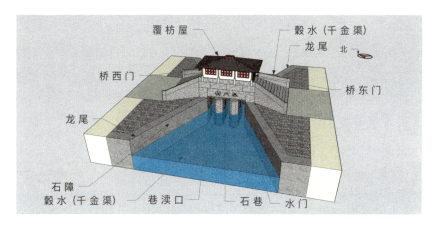

《水经·穀水注》皋门桥 3D 复原

李晓杰绘制

筑治漱处，破石以为杀矣。"）全部清晰地记录了下来。虽然后世要完全破译这段文字并非易事，但一旦理解语义，则完全可以依照文字所述将皋门桥的形制加以等比例复原（李晓杰主编《水经注校笺图释·洛水流域诸篇》）。于此一例，便可以使我们又一次意识到《水经注》中保留的这些史料是何等的重要。

第四，《水经注》中涉及古代战争遗址方面的军事地理资料亦有不少，且颇富史料价值。从《水经·渭水注》中对曹魏与蜀汉之间陈仓之战的记载，可见一斑。其中记载道：

魏明帝遣将军太原郝昭筑陈仓城，成，诸葛亮围之。亮使昭乡人靳详说之，不下，亮以数万攻昭千余人，以云梯、冲车、地道逼射昭；昭以火射、连石拒之，亮不利而还。今汧水对亮城，是与昭相御处也。陈仓水出于陈仓山下，东南流注于渭水。

《水经注》这段文字记录了诸葛亮未能成功攻下郝昭所守的陈仓城一事，有因有果，还不乏细节描述。不过，需要指出的是，类似的军事战争场景描写在书中虽不乏见，但并不是郦道元的原创。此处有关陈仓之战的场景再现，便出自《三国志》卷三《魏书·明帝纪》所载"曹真遣将军费曜等拒之"一句下裴松之注引《魏略》。郦氏在这里只是巧妙地将《魏略》原文略作变通后置入自己的前后行文之中而已。

《水经注》中还对设于险要之地的关隘有所记载。据统计，书中有关各种关隘的记录多达140余处。如《水经·穀水注》中对函谷关有这样的描述：

穀水又东径函谷关南，东北流，皂涧水注之。水出新安县，东南流，径毋丘兴墓东，又南径函谷关西。关高险狭，路出塵郭。汉元鼎三年，楼船将军杨仆数有大功，耻居关外，请以家僮七百人筑塞，徙关于新安，即此处也。昔郭丹西入关，感慨于其下，曰：不乘驷马高车，终不出此关也。去家十二年，果如志焉。皂涧水又东流入于穀。穀水又东北，径函谷关城东，右合爽水。

郦道元在这里不仅描述了函谷关的险要、周边的地理环境，而且还穿插了相关的历史故事，将这一汉代著名关隘全方位地呈现在读者眼前。

此外，《水经注》一书中还有道路、津渡、内河航运、各地风土人情等诸多涉及人文地理学方面的记录，读者诸君自可前去查找原书翻检，在此不再一一枚举详述。

2. 历史学与地名学方面

《水经注》中有关秦汉至北魏时期的历史资料颇丰，其中最为集中地体现在对这一时期政区地理资料的收录方面，涉及到州、郡（国）、县、侯国等各级行政区划。《水经注》里有的地方这方面的资料讲得很详细，比如就有这样的记载，一条水道源出某县界，流经之处，水这边是什么县，水那边是什么县。这就是当时县一级的行政区划界限，而这些材料在很多书籍中是看不到的。另外，秦汉以前一些地名的地望考证，许多也有赖于《水经注》的记载。甚至有一些不见于正史地理志中的史料，《水经注》中也得以保留。如《晋书·地理志》失载的县级政区名称，在《水经注》中就至少保留了四个（陈桥驿《郦道元与〈水经注〉》）。清代学者毕沅撰写《晋书地理志新补正》时就曾采用过《水经注》中的相关资料。又比如，《水经注》中对汉代乡亭的记载十分丰富，近代学者王国维曾专门针对这些资料加以搜集整理，最终辑成《水经注乡亭》一卷（王国维《两汉魏晋乡亭考》）。仅此二例，即可见《水经注》记载相关史料的重要性。

不过，需要强调的是，对于《水经注》记载的这类史料，尚应持审慎的态度加以鉴别。举例来说，有关汉初功臣侯国的封邑所在，东汉史家班固在撰写《汉书》时已无法说清楚了，但我们发现郦道元对此问题却记载颇详，达到"十之六七"的程度。为此，有人即贸然以为可以用《水经注》补《汉书》之缺。但清代著名学者钱大昕清醒地指出：班固《汉书》不载，是"史家之谨慎"，而"郦氏生于后魏，距汉已远，虽勤于采获，未必皆可尽信"，并列举了一些同一侯国在《水经注》不同篇目里说法不一的例子加以补充说明。（钱大昕《潜研堂文集》卷十二《答问九》）

诚然，《水经注》存在上述问题，却不必因噎废食。郦道元撰写《水经注》的时代距今久远，书中的只言片语，对历史研究来讲都极为珍贵。如果我们能正确区分与考订书中所载政区资料的不同时代与准确性，便依然可以利用这些资料，对《水经注》所记载的城邑地望、县级政区边界以及州、郡级政区的设置情况分别做出合理的、精确的时代还原，使断代政区地理的研究最大限度地细化，从而对千余年前的政区地理情况有更为清晰的了解。

另外，《水经注》中还记载了大量的地名。据统计，有超过2万多个地名为郦道元所记录，其中在书中进行渊源解释的就有2 300多处。这些信息无疑为研究北魏及其以前的地名流变，提供了宝贵的资料。陈桥驿曾把书中所记载的这些有渊源解释的地名分为24类，较为详细地揭示了各类地名的具体情

况，认为"《水经注》在地名学研究上的成就，是我国古代地名学研究趋于成熟的标志"。（陈桥驿《〈水经注〉与地名学》）

3. 文献学与金石学方面

通过大量征引各类文字典籍来描述论证水道沿岸的情况，是《水经注》的又一特色。在《水经注》里虽然时或看到郦道元进行实地考察，并对文献记录矛盾之处进行辨析的记载，然其足迹所至，毕竟有限，而书中那些他未亲临之处的文字描写依然生动鲜活，给人身临其境之感，究其实都是郦道元利用手头资料的"纸上谈兵"。他分类排比各类资料并连缀成文的功夫，实在了得。据统计，《水经注》中征引的书籍多达436种，其中经部类84家，史部类208家，子部类62家，集部类82家（郑德坤：《水经注引书考》序。另，陈桥驿《水经注·文献录》将《水经注》引书分成地理、历史、人物、图籍、论说、杂文、诗赋等十八类，共著录了477家）。由此可见史载"道元好学，历览奇书"（《魏书·郦道元传》），洵非虚语。

从上面的统计数字中，可以看出在《水经注》所引书中史部类的书籍所占比例最大。而在史部类书籍中，又以各种地理类文献为最多，竟占全部征引书籍总数的20%以上。这其中既有如《禹贡》《山海经》《十三州志》等所涉地域范围广阔的文献，也有如《关中记》《中山记》《荆州记》等区域性地志；既有如《水经》《江水记》《汉水记》等记载水道的专书，又有如《昆仑说》《庐山记》《罗浮山记》等描述山岳的文献。此外，还有如《法显传》《外国事》《林邑记》等域外地理书籍，以及《督亢地图》之类的图籍。在传世至今的隋唐以前的古籍中，《水经注》征引地理类书籍之丰富，恐无出其右。

另外，还有极为重要的一点是，《水经注》征引的各类书籍后来有不少已经亡佚，现在只有通过《水经注》才可以管窥其中的一二。明清有很多学者，利用《水经注》，将北魏及其之前出现的一些地理书重新辑佚，变成今天可以参考的书籍。因此，《水经注》也是后代学者辑佚书籍的渊薮。

除了征引大量各类书籍之外，在《水经注》中还记载了多达357种的碑刻资料，而今天这些石碑大都也已经找不到了，全赖《水经注》将这些资料较为完整地保留了下来。自明代杨慎撰《水经注所载碑目》起，便有不少学者注意整理《水经注》中的金石资料。当代以施蛰存《水经注碑录》、陈桥驿《水经注·金石录》最为有名。

4. 文学方面

与一般的地理书不同，《水经注》在叙述谨严详赡的同时，还极富文彩，尤其是其中一些写景的优美文字，在后代皆成为了脍炙人口的名篇佳作，在中国文学史上占有一席之地。最为人熟知的当属《水经·江水注》中所描绘的"三峡"：

自三峡七百里中，两岸连山，略无阙处。重岩叠嶂，隐天蔽日，自非亭午夜分，不见曦月。至于夏水襄陵，沿溯阻绝。或王命急宣，有时朝发白帝，暮到江陵，其间千二百里，虽乘奔御风，不以疾也。春冬之时，则素湍绿潭，回清倒影。绝巘多生怪柏，悬泉瀑布，飞漱其间，清荣峻茂，良多趣味。每至晴初霜旦，林寒涧肃，常有高猿长啸，属引凄异。空谷传响，哀转久绝。故渔者歌曰："巴东三峡巫峡长，猿鸣三声泪沾裳。"

此段对三峡描述的文字之优美，至今恐无出其右。不过，在赞叹《水经注》这段佳文的同时，还需要知道原作者并不是郦道元本人。现已查明，这段美文最早见于南朝刘宋盛弘之的《荆州记》。宋代的一部类书《太平御览》把盛弘之《荆州记》中的一部分文字记载下来，其中恰巧有这段三峡的描述。但是再仔细研究又发现，这段三峡的文字也不是盛弘之本人所撰，而是他引用的"旧云"。换句话说，他也是转引了他看到的一段文字。那么这段文字的作者究竟是谁，现在还无法知晓。这样说来，自然有人会有这样的疑问：《水经注》里的文字有多少是出自郦道元本人的手笔，他的文学造诣到底如何？其实，当我们把这段美文的来龙去脉搞清楚之后，恰恰可以说明郦道元本身的文学素养和文学见识。试想一下，如果他当时不将这段"三峡"文字收入《水经注》，自然就不会在今天得到这么多人的关注。这个例子恰恰从一个侧面印证了郦道元的文学眼光。

另外，《水经注》还十分注意叙述的趣味性，力避枯燥，尤其是在行文中经常插入的一些历史或志怪故事，不仅起到了吸引读者的良好效果，还借机表达了自己的主观意旨。如《水经·渭水注》中在描述今天的渭河支流灞河流经虎圈之地时，就曾记载这样一则故事：

> 今霸水又北径秦虎圈东，《列士传》曰：秦昭王会魏王，魏王不行，使朱亥奉璧一双。秦王大怒，置朱亥虎圈中。亥瞋目视虎，眦裂，血出溅虎，虎不敢动。即是处也。

这段文字描写的是战国时期魏国侠客朱亥在被生气的秦王投入虎圈（秦代养虎之地）后，并没有惊慌失措，而是立定发威，瞪大眼睛怒视老虎，以致眼角眦裂，鲜血溅到对面的老虎身上，这一举动竟然吓得那只老虎也不敢轻举妄动了。这则故事其实也不是郦道元的原创，而是选用了西汉刘向《列士传》里的描写，但是在谈到灞水时，他之所以要选取这样一则故事，实际上就把他想表达的主观色彩体现了出来，从中可以看出他对朱亥这样勇猛之士的钦佩之情。读者阅读至此，自然也会引起共鸣。

郦道元不仅好奇闻佚事，还对各地民歌谣谚也非常留意。一旦搜集到这方面的信息，他便会不遗余力地在《水经注》中加以记载。其中有关旅行者与渔夫的歌谣，是郦道元在描述水道及其周边的地理环境时经常爱引用的。如《水经·江水注》载：

> 江水又东径流头滩，其水并峻激奔暴，鱼鳖所不能游，行者常苦之，其歌曰：滩头白勃坚相持，倏忽沦没别无期。

旅行者所歌"滩头白勃坚相持，倏忽沦没别无期"这句的意思是说：在滩头乘船渡江遇到汹涌的白浪时，一定要坚持住。不然，倏忽之间就有可能被江水吞没，再也没有相见的时候了。亲历者最有发言权，郦道元用旅行者所歌的短短十四个字，便将长江之上流头滩险峻难渡的景象生动地衬托出来。又如《水经·湘水注》载：

> 衡山东南二面，临映湘川，自长沙至此，江湘七百里中，有九向九背。故渔者歌曰：帆随湘转，望衡九面。山上有飞泉下注，下映青林，直注山下，望之若幅练在山矣。

这里渔者所唱的"帆随湘转，望衡九面"，与湘江河道多曲

"九向九背"的景象相映衬，宛如一幅江水长卷，给人以异常
生动形象之感。

5. 语言学方面

　　郦道元《水经注》撰写于北魏时期，因此书中保留了大量
的中古时期的汉语词汇，是研究汉语史的珍贵资料。郦道元在
书中经常会使用一些独特的词汇。如在前文提及的把河流发源

（元）赵孟頫《鹊华秋色图》

台北故宫博物院藏

之后流入地下，在地下流经一段距离重出地面的景象称为"重源"（如《水经·河水注》）；描述一条水道的两个源头汇合在一起时，常用"合舍"一词（如《水经·渭水注》）；在描述水流涨积的状态时，会用"潭涨"一词（如《水经·汾水注》。方向东《〈水经注〉词语举隅》；王彦坤等《"潭涨"商榷》）；在形容山峰陡峭高耸时，爱用"峭秀"一词（如《水经·滱水注》。王东《〈水经注〉词语拾零》）；在描述湖水、陂塘中物产丰富时，常用"佳饶"一词（如《水经·伊水注》。鲍善淳《〈水经注〉词语札记》）；在描述一些小城内高外低、城中平实、小而坚固时，则会用"实中"一词（如《水经·浊漳水注》。刘新光《"实中城"考原》），等等，不一而足。而最为著名的音韵史的资料，则是《水经·河水注》如下的一段记载：

> 民有姓刘名堕者，宿擅工酿，采挹河流，酝成芳酎，悬食同枯枝之年，排于桑落之辰，故酒得其名矣。然香醑之色，清白若滫浆焉，别调氛氲，不与他同，兰熏麝越，自成馨逸，方土之贡，选最佳酌矣。自王公庶友，牵拂相招者每云：索郎有顾，思同旅语。"索郎"反语为"桑落"也，更为籍征之隽句、中书之英谈。

这段记载主要讲了一位名为刘堕的善酿酒者酿造"桑落"酒的故事。"桑落"，就是桑叶落时之意。刘堕在"桑落之辰"制酒，"故酒得其名矣"。然而在记录这则故事之后，郦《注》所说"'索郎'反语为'桑落'也"，则在不经意中为我们保留了中古时期的反切实例。"反语"即"反切"，是中古时期出现的一种注音方式。"索郎"反语为"桑落"，就是说"索郎反"为"桑"，而"郎索反"则为"落"（张永言《〈水经注〉中语音史料点滴》）。这则音韵史料最早为顾炎武所发现，并在其所撰《音论》中予以提及引用。

此外，在《水经注》中还保留了不少其时的方言词汇信息。如对河水中沙滩的称谓，书中有的地方称"碛"，如《水经·穀水注》所载的"石碛"；有的地方称"濑"，如《水经·渐江水注》所载的"严陵濑"、《水经·资水注》所载的"关羽濑"；还有的地方称"究"，如《水经·温水注》所载的"南陵究"、《水经·叶榆河注》所载的"金溪究"等。从中可以看出，称"碛"的是北方地区，称"濑"的是吴楚地区，而称"究"的则是民族杂处的西南地区（陈桥驿《中国古代的方言地理学——〈方言〉与〈水经注〉在方言地理学上的成就》）。于此可见各地方言的变化。另外，《水经·河水注》《水经·若水注》《水经·温水注》及《水经·叶榆河注》记载的地名名称、少数部族称谓等内容，也有不少能反映方言的信息，在此仅录《水经·河水注》中的一段记载，以见一斑：

沃水又东，径参合县南，魏因参合陉以即名也，北俗谓之仓鹤陉。

其中的"参合"这两个字的发音，在"北俗"中读作了"仓鹤"，反映了其时在中原与西北地区之间的部分音变规律。

除了上述五大方面，《水经注》一书还涉及宗教学、民族学、艺术学等诸多内容，所包括的内容之广泛，绝非一般传统典籍可比。倘称《水经注》为一部北魏以前的百科全书，洵非虚语。

不过，正像上文已经提及的，郦道元以一己之力撰写这样的一部大书，也并非完美无瑕，其中也不可避免存在了一些或大或小的问题，无法做到对其所载之事皆有真知灼见。特别是当他利用的文献本身即有记载错误时，出现偏差就会在所难免。但这些问题与全书所具有的诸多资料价值相较，皆可称微不足道。

　　《水经注》成书后的五百多年间，靠写（钞）本得以流传，最早见于官方记载的是《隋书·经籍志》。在隋至北宋的一些类书（如隋代的《北堂书钞》、唐代的《初学记》、北宋的《太平御览》）与地理总志（如唐代的《元和郡县图志》、北宋的《太平寰宇记》）中，可以见到《水经注》被征引的文字。至北宋景祐年间（1034—1038），原本四十卷本的《水经注》出现了散佚，仅存三十五卷（现在看到的《水经注》虽然依旧为四十卷本，但已是后人离析所存原三十五卷内容而得的结果）。降至明代，在《水经注》版本流传方面形成了两大系统，一为古本系统，一为今本系统。下面就依次来看一下这两大系统各自现存主要版本的情况。

1. 古本系统

所谓古本，即刊刻、抄写时以保留宋本（或影宋本）行款与文本原貌为准则，即使底本有明显讹误，亦不作改动，尚不涉及校勘研究的版本。

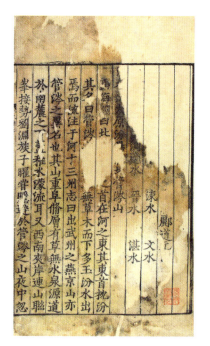

南宋刊本《水经注》（残）

中国国家图书馆藏

在雕版印刷出现之后，《水经注》也有刊刻本流行。迄今已知最早的古本系统的刻本，是北宋中期的成都府学宫刊本。而现存最早古本系统的刻本，则是人们习称的"残宋本"（现藏中国国家图书馆），从此本所避讳之字来看，大约刊于南宋初期，仅存十一卷半，且没有一叶是完整的，字数尚不及全书的三分之一。虽然如此，书中所反映的版式、行款，可以使我们得知宋刻《水经注》

残宋本《水经注》卷十六前袁克文跋语

的原貌，仅从此点上来说，已弥足珍贵。

明《永乐大典》本《水经注》（以下简称"《大典》本"），是古本系统里面现存最完整的官钞本《水经注》，也是迄今所见保存最完好、最近于残宋本的古本，其版本价值极高。《大典》本里《水经注》全文被一字不落地收在"水部"下，唯一不同的地方是，其没有按照四十卷抄录，而是改成了十五卷。从文本内容判断，《大典》本当本于残宋本，它与残宋本在脱简错简、经注混淆、文字佳处误处等方面非常相似，故不仅可以之补残宋之阙，还可校残宋不存而其他明钞本有误之处，尤其是其中完整保留的郦道元原序文字，可谓《大典》本最具学术价值的地方。

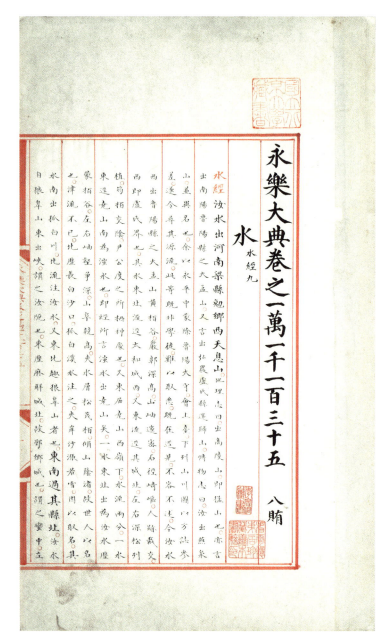

永樂大典卷之一萬一千一百三十五　八賄

水

水經九

水經　汝水出河南梁縣勉鄉西天息山

明《永樂大典》本《水經注》

除了上述的残宋本与《大典》本，现存的六部明钞本是支撑古本系统《水经注》的主要版本。它们分别是：常熟瞿镛铁琴铜剑楼旧藏明钞本（简称“瞿藏明钞本”）、常熟陈揆稽瑞楼旧藏明钞本（简称“陈藏明钞本”）、云间韩应陛旧藏明钞本（简

水經卷第一
桑欽撰　酈道元注
河水一
崑崙墟在西北
三城爲崑崙丘崑崙說曰崑崙之山三級下曰樊
桐一名挍栢二曰玄圃一名閬風上曰層城一名
天庭是謂太常之居
去嵩高五萬里地之中也
禹本紀與此同高誘稱河出崑山伏流地中萬三千
里禹導而通之出積石山按山海經自崑崙至積

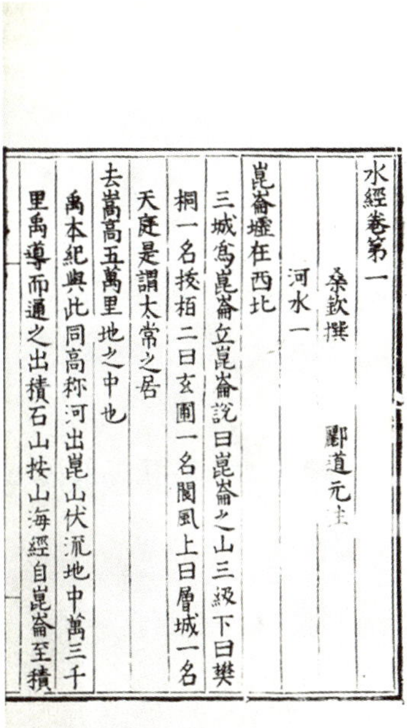

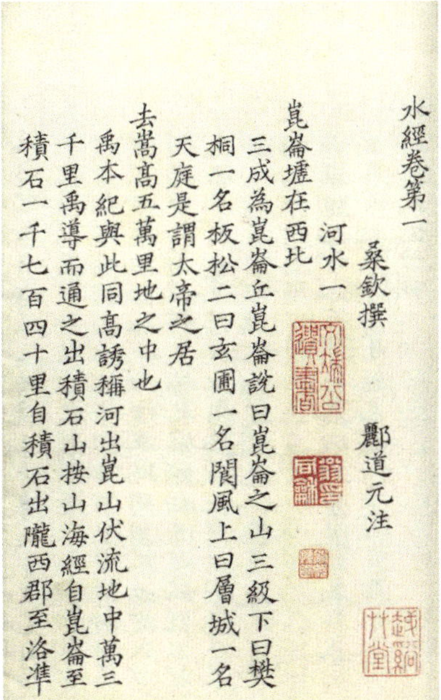

常熟瞿镛铁琴铜剑楼旧藏明钞本《水经注》

中国国家图书馆藏

水經卷第一
桑欽撰　酈道元注
河水一
崑崙墟在西北
三成爲崑崙丘崑崙說曰崑崙之山三級下曰樊
桐一名板松二曰玄圃一名閬風上曰層城一名
天庭是謂太帝之居
去嵩高五萬里地之中也
禹本紀與此同高誘稱河出崑山伏流地中萬三
千里禹導而通之出積石山按山海經自崑崙至
積石一千七百四十里自積石出隴西郡至洛準

常熟陈揆稽瑞楼旧藏明钞本《水经注》

中国国家图书馆藏

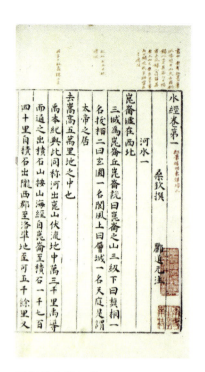

云间韩应陛旧藏
明钞本《水经注》

中国国家图书馆藏

湖州陆心源十万卷楼旧藏
明钞本《水经注》

日本静嘉堂文库藏

称"韩藏明钞本")、湖州陆心源十万卷楼旧藏的明末清初冯舒校勘本（简称"冯校明钞本"）、民国史学家朱希祖当年得到的一部明钞本（简称"朱藏明钞本"），以及一部钤有"徐氏家藏"阴文印的明钞本（简称"徐藏明钞本"。按，此书一般著录为"清钞本"，恐非）。除冯校明钞本现藏日本静嘉堂文库、徐藏明钞本现藏上海图书馆外，其余四部明钞本现皆藏于中国国家图书馆。

从誊抄的规整程度上来讲，陈藏明钞本、朱藏明钞本、徐

水經卷第一

河水一

桑欽撰

酈道元注

崑崙墟在西北

三成為崑崙丘崑崙說曰崑崙之山三級下曰樔

桐一名板松二曰玄圃一名閬風上曰層城一名

天庭是謂太帝之居

夫嵩高五萬里地之中也

禹本紀與此同高誘稱河出崑山伏流地中萬三

里禹導而通之出積石山按山海經自崑崙至積

石一千七百四十里自積石山隴西郡至洛準

朱希祖旧藏明钞本《水经注》

中国国家图书馆藏

徐氏旧藏明钞本《水经注》

上海图书馆藏

藏明钞本明显优于瞿藏明钞本、韩藏明钞本、冯校明钞本。从保留郦道元原序文字情况来看，除朱藏明钞本没有原序外，其余五部皆存有题作《水经注叙》的郦氏原序之半的文字（中间缺了半叶二百二十一字）。从行款与文字内容上看，这六部明钞本的底本皆当为与残宋本时代接近的宋刊本。因此，这些明钞本对恢复基于残宋本的古本《水经注》，颇具价值。

另外，还值得一提的是，陈藏明钞本的书尾保留了宋刊《水经注》的跋语，弥足珍贵。这则跋语全文转录了北宋元祐二年

朱希祖手稿《明钞宋本水经注校勘记》

中国国家图书馆藏

陈藏明钞本书尾保留的宋刊《水经注》跋语

明鈔宋本水經注校勘記

專以永樂大典本明鈔宋本校其異以明

鈔本爲主大字爲永樂大典本序文

其異同隨宋本明本則以小字著　朱希祖記三十五年十二月

水經卷第一　水經一

巽欽撰

酈道元注

072350

水經舊有三十卷刊於成都府學宮元祐二年春

運判孫公始得善本於何聖從家以舊編

其三分之一耳於是乃與

運使晏公委官校正削其重複正其訛謬

以璅傳爲用公布募工鋟板完缺補漏比舊爲凡

編二十有三共成四十卷分爲二十冊其簡秩小大次序

先後成此以何氏方爲正元祐二年八月初一日記

朝奉大夫充成都府路轉運官上護軍賜緋魚袋孫

朝議大夫充成都府路轉運副使重勸農使上護軍賜紫金魚袋

涪州司戶參軍充成都府府學教授武騎尉

　　晏知止

水經卷第四十

右禹貢山水澤地所在凡六十

相瑶曰杜預亦云水濟及逕地名也今南陽清陽

二縣之間清水之濆有南澨比澨矣而諸儒之論

水陸相半又無山源出慶之所津途關路唯鄭玄

及劉澄之言在兗陵縣界經云卬縣比池然池流

多矣而論者疑焉比不能辯其在所

（1087）《水经注》成都官刻本的后记与题名，从中可以对《水经注》在元祐初刻前后的历史有更加清晰的了解，可以坐实自此以后的《水经注》刊本皆出自元祐二年的成都府官刻本这一结论。

此外，在古本系统之列，还有一些仅在明以后校本中间接保留的宋本，如清孙潜（潜夫）校本（残）所用的柳佥（大中）钞宋本、赵琦美钞宋本，以及《水经注笺》中称引谢兆申（耳伯）所见宋本等。不过，由于这些古本今皆亡佚，故已无法在此再做较为详细的论述了。

2. 今本系统

所谓今本，即已经对底本进行研究、校改的版本。自明代最早的嘉靖年间的黄省曾刊本《水经注》以降的诸明、清刻本（或稿本），如明吴琯刊本《水经注》、朱谋㙔《水经注笺》、严忍公刊本《水经注》、陈仁锡刊本《水经注》，清代项絪刊本《水经注》、黄晟刊本《水经注》、沈炳巽《水经注集释订讹》、全祖望《五校水经注》、赵一清《水经注释》、戴震校殿本《水经注》、杨守敬与熊会贞《水经注疏》等皆属今本系统。

　　下面将《水经注》古今两大版本系统中的主要版本流传关系图示如下：

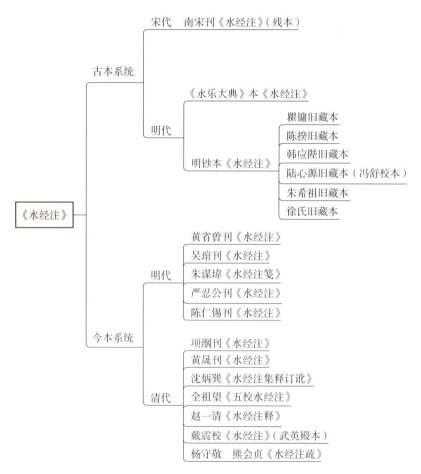

《水经注》主要版本流传关系示意图

自金人蔡珪撰《补正水经》，学者开始对《水经注》作专门的探究，而系统的研究，则肇兴于明代，并逐渐形成一种专门之学——"郦学"。从研究的侧重点来看，传统郦学大致可以分成考据、词章、地理三大学派（陈桥驿《考据学派》《词章学派》《地理学派》）。下面即分别从这三个学派来具体观察一下传统郦学的发展。

1. 考据学派的贡献

文本错讹，是《水经注》版本流传中最为突出的问题。于是刊刻校订《水经注》文本成为明清两代郦学考据学派的首要任务。

现存最早的明刻本为嘉靖十三年（1534）黄省曾刊刻的《水经注》（简称"黄本"）。其时这部《水经注》并不是单行本，而是与

明嘉靖黄省曾本《水经注》

天津图书馆藏

《山经》放在一起合刻的。一方面，黄本全仿宋本的行款，包括字体都与今天看到的"残宋本"类似；另一方面，黄本已经开始对郦《注》文字略作校勘。不过，需要指出的是，黄本虽然自称以宋本为底本，但是这个底本的质量并不高，由其中存在的没有郦道元原序、卷十八文字中缺了一整叶四百多字等方面的问题，即可窥知。尽管如此，黄本的刊行终究便利了学者们对《水经注》的探究，其意义不可小觑。

万历十三年（1585）吴琯、陆弼校刊的《水经注》（简称"吴本"）是在黄本基础之上刊刻的，也是《山经》《水经》合刻本。吴本是利用传世文献，在黄本基础之上，对郦《注》文字和错简略做订正后的新版本。

　　不过，真正在《水经注》研究的思路和方法上有所突破的，则是万历四十三年（1615）李长庚刊刻的朱谋㙔撰《水经注笺》（简称"《注笺》本"）。明末清初的大学者顾炎武对此书评价甚高，称其为"有明一部书"，可见其价值之大。该书以吴本为底本，在校订上颇下了一番功夫。前面提到的黄本和吴本，只是简单地进行了文字上的处理，并没有进行其他方面的系统研究，而《注笺》本则不然。

明万历吴琯本《水经注》

日本内阁文库藏

　　首先，《注笺》本开始了《水经注》的《经》、《注》文的区别。在《水经注》的文本中，《水经》的《经》文本身是顶格写，郦道元的《注》文则低一格写，但随着流传传抄，《经》文与《注》文的文字就会有错乱，产生了经注混淆的问题，给阅读《水经注》带来了很大麻烦。朱谋㙔已经注意到了这一问题，并在《注笺》本里进行了《经》、《注》文的鉴别。当然这个工

明万历李长庚本《水经注笺》

日本内阁文库藏

作还是较基础的，要到清代学者才得以最终完成，但《注笺》本已经做了一些有价值的区分，则是无可否认的。

其次，《注笺》本做了调整错简的工作。《水经注》描述水道是按照一定顺序来讲的，但是在有些地方会发现讲不通，文字描述的前后位置颠倒了，那么这就是错简。错简有很多原因，其中之一就跟前面提及的明钞本有关系。这些明钞本皆为影宋本，

书中不标叶码，反映了古本的面貌。这样的写（钞）本，流传过程中极易造成前后叶错乱，形成错简。还有一个原因就是《水经注》在刊刻之前是靠抄写流传的，这个过程本身也极易造成错简。兹举两个《注笺》本中的具体实例：其一，卷十九《渭水篇》"苏林曰高门长安城北门也"一句后，吴本接"又径观愚之山"，《注笺》本则接"一曰厨门其内有长安厨官在事故

城曰厨门也"至"于嵯滕公居此室"一段，并加《笺》曰："此间叙长安十二门，故洛门之后继以厨门、杜门，旧本脱误，以郑县注续此。"其二，《注笺》本"于嵯滕公居此室"后接"故遂葬焉冢在城东八里饮马桥南四里故时人谓之马冢"一句，且加《笺》曰："旧本脱误，吴琯移'遂葬焉'二十二字续此，是矣。复误以霸水注续马冢之后，错简如初，今特改正。"

第三，《注笺》本对郦《注》原文进行了笺注，并订正了具体行文中的一些错误。比如，郦《注》常将重要史实系于某地之下，其中细节或与所引史籍记载有所出入，此时《注笺》本即会详细摘录史籍原文，与郦《注》比较，时或提出质疑甚至订正。又如，郦《注》中某些字句不辞，《注笺》本或依古本指出"宋本作某"，或下注按语"某当作某"。不过，《注笺》本对郦《注》原文的处理还是十分谨慎的，除了出于错简调整的需要外，一般不径改原文。《注笺》本的治郦风格，影响了之后一百余年的郦学发展。

清代康熙年间（1662—1722），对《水经注》的考证研究越发受到重视。其时编纂《大清一统志》中有几位人物，如胡渭、黄仪及阎若璩，特别是黄仪，对《水经注》研究的贡献非常大。他第一次比较详细地绘制了《水经注图》，但令人遗憾的是这些图后来失传了。黄仪还把地理的概念，引入了《水经注》研究之中。而胡渭的《禹贡锥指》，以《水经注》文字来呈现渭水、沔水的水道，极大地启发了康熙以后的郦学者，尤其影响了乾隆年间（1736—1795）研治郦学的四大名家：沈炳巽、全祖望、赵一清及戴震。

沈炳巽（1681—1756，参见胡适《〈水经注〉版本展览目录》）撰有《水经注集释订讹》（简称"沈本"）一书，其底本以黄本为主。他吸收了顾炎武、阎若璩、胡渭、何焯等人的《水经注》研究成果，用今地注古地，用史源区分郦《注》中的正误，并且开始大幅调整错简。这些在当时都极富开创性。沈本未见刊本，只有《四库全书》的钞本，书中的《凡例》称"是书经始于雍正三年，脱稿于雍正九年"，因此这个钞本并没有反映沈氏晚年的治郦心得，不免令人遗憾。

全祖望（1705—1755）有关《水经注》的研究，则集中体现在其《五校水经注》稿本（简称"《五校》稿本"）与《七校水经注》钞本（简称"《七校》钞本"）之中。乾隆十五年（1750）他曾与沈炳巽一起讨论过《水经注》，在其《五校》稿本中即可见引用沈氏观

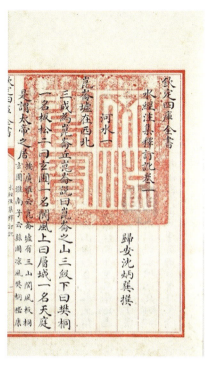

清乾隆文渊阁《四库全书》本
《水经注集释订讹》

台北故宫博物院藏

清乾隆全祖望稿本
《五校水经注》

天津图书馆藏

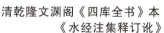

点的文字。另外，他与赵一清之间在《水经注》的研究上也是成
果共享。作为《五校》稿本工作底本的小山堂钞本，就是赵一清
亲自誊抄后赠与全祖望的。全氏《七校》钞本则是后人据全氏手
稿整理并结合他人（包括赵一清与戴震）研究成果之后的一部钞本，
与全氏研究的本来面貌已有一些不同。前文已经提及，《水经注》
在流传的过程中，出现了《水经》的正文与郦道元的《注》文互
相混淆的现象。如何将《经》文从《注》文中区别开来，是研究

者极为关注的问题。全氏在此方面便做了一定的工作。不仅如此，他还提出了郦书文字注中有注、双行夹写的观点。

赵一清（1709—1764）撰有《水经注释》（简称"《注释》本"）及《水经注笺刊误》，不过这两部书在赵氏生前一直未有刊行，只有一个汇总他研究成果的稿本，现在看到的刻本是经赵氏后人整理而成的。与沈炳巽相比，赵一清治《水经注》有不可比拟的优越条件，并据此取得了超越前人的成就。首先是在版本校勘方面的成就。凭借着其父赵昱创设的藏书楼小山堂的丰富藏书，赵一清有机会接触到众多的《水经注》版本，比如他从柳大中的影宋本中抄得了一部分郦道元原序、卷十八脱叶的内容等，这在当时无疑是令人兴奋的，用他自己的话说是"要为天下至宝"。他还依据孙潜校本、何焯校本订正了许多《注笺》本未能发现的字句讹误。其次，沈炳巽主要是参考《明一统志》来审定《水经注》中地名所对应的今地，而赵一清则充分利用了诸多地理志来与郦《注》对勘，梳理各条水路。与沈炳巽以今地注古地相比，赵一清在舆地研究方面更好地承接了黄仪、胡渭等人的思路。第三，他通过这些考证来推理《经》《注》混淆、脱文错简的可能性，用大小两种字体，

清乾隆文渊阁《四库全书》本
《水经注释》

台北故宫博物院藏

清乾隆赵一清《水经注笺》初刻本
附《水经注笺刊误》

中国国家图书馆藏

来区分标示全祖望提到的"注中注";并且根据从各种地志中
节录的《水经注》佚文,开始尝试辑补《水经注》中脱去的数
篇文字。除此之外,他还将与校勘相关的字句订讹从《注释》
本按语中分离开来,单独成书,是为《水经注笺刊误》(共十二
卷)。第四,赵一清对《水经注》原书中的缺佚进行了大量的
补充。如在卷十八《渭水中》,即补入了420字的缺文。又如

在卷十九《渭水下》末，参考相关传世文献，辑补了丰水、泾水、沇水等篇目的文字。综上所述，对郦《注》进行如此详尽研究的，在此之前并未之见。郦学研究至此已经初具规模了。

乾隆三十九年（1774），由戴震主持校勘的武英殿聚珍版《水经注》（简称"殿本"）刊行，可谓清代最负盛名的《水经注》版本。殿本在校勘中提到以"原本"作参考，补充了不少文字。但"原本"究指何书，并未说明。不过据殿本的提要判断，"原本"应即当时从内府发现的《永乐大典》本《水经注》。借助"原本"，殿本中第一次收录了完整的《水经注》郦道元原序。另外，殿本还将许多文字佶屈、无法卒读之处疏理通畅，对错简阙文也进行了大规模的厘清补正。当然，现在已知，这些郦学研究史上的重要推进，并非完全是依据《永乐大典》本的发现而取得的。但是，在当时看

戴震像

清杨鹏秋绘

不到各种校本、不知道沈本和《注释》本存在的情况下，殿本由其中"原本"所带来的权威性是可以想见的。不过，殿本最令人诟病之处恐怕也恰来源于校订者们试图凸显的这种权威性，即用过于简略的按语对校改缘由一笔带过，导致许多校订看起来不免过于武断或证据不足。倘若作为一种通行的《水经注》版本，殿本自有其超越之前相关著述之处；但

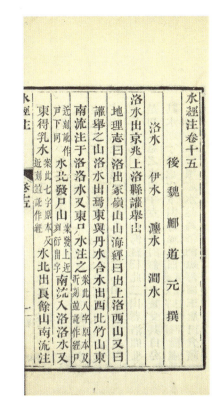

清乾隆武英殿聚珍本《水经注》

美国哈佛燕京图书馆藏

是作为郦学研究的著作来讲，殿本中的一些校订则缺乏说服力度。这也是后来沈炳巽、全祖望、赵一清等人的著作为更多人所知晓，加之残宋本和《大典》本等古本从内府流出，殿本依托"原本"的版本优势便几乎被摧毁的原因。非但如此，殿本还卷入到"戴赵相袭"案的聚讼纷争之中，令其学术价值打了

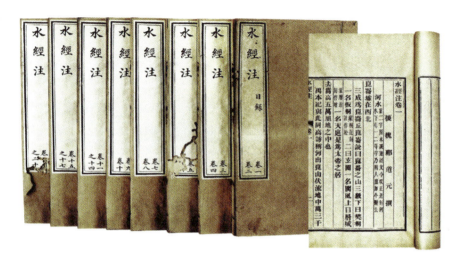

清乾隆武英殿聚珍本《水经注》

故宫博物院藏

不少折扣。

近代王国维、胡适等学者对《水经注》的研究都用力甚多。当代陈桥驿对《水经注》的研究，最为世人所知。

2.词章学家的选本与点评本

在考据学派占主流的郦学领域，还出现了以关注《水经注》中精彩文句为主的词章学派。明代万历年间朱之臣的《水经注删》、钟惺的《水经注钞》二书中所节选的都是文字优美

赵万里过录王国维校《水经注》

中华书局影印

《胡适手稿》之《水经注的版本》

台北胡适纪念馆藏

物理論曰所以立天地者水也夫水也者元也吐元氣發日月經星辰而興也釋名曰水準也平準物也抱朴子曰黃帝曰天在水外水在天外浮天而載地

水經注删卷一

河水注

成都朱之臣鈔許

春秋說題辭曰河之爲言荷也荷精分布懷陰引度也釋名曰河下也隨地下處而通流也考異郵曰河者水之氣四瀆之精也所以流化元命苞曰五行始焉萬物之所由生元氣之腠液也管子曰水者地之血氣筋脉之通流者故曰水其具財也而水最爲大水有大小有遠近水出山而流入海

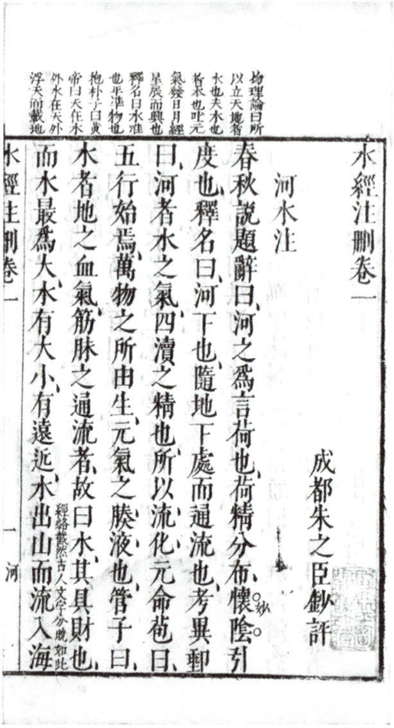

明万历朱之臣本《水经注删》

中国国家图书馆藏

水經注钞卷一

景陵鍾惺選批

黃山趙□訂

河水

水有大小有遠近水出山而流入海者命曰經水引他水入於大水及海者命曰枝水出於地溝流於大水及於海者又命曰川水也莊子曰秋水時至百川灌河經流之大孝經援神契曰河者水之伯上應天漢風俗通曰江淮河濟爲四瀆瀆通也所以通中國

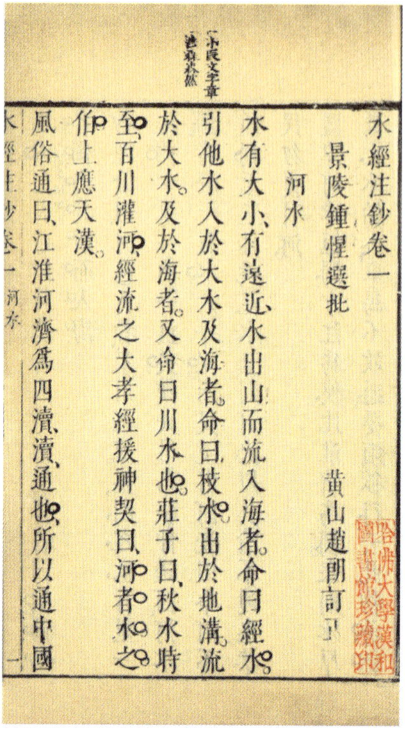

明万历钟惺本《水经注钞》

美国哈佛燕京图书馆藏

的部分，可谓开郦学词章学派之先。

崇祯二年（1629），由武林严忍公刊刻、竟陵学派代表人物谭元春批点的《水经注》（简称“谭本”）则是这方面的代表作。谭本以《注笺》本为底本而对笺注略作删节，批点部分除谭元春本人的观点外，又采入朱之臣、钟惺的言论，率多虚谈，而少实务。在此书的《刻水经注批点叙》中，谭元春写道：

夫予之所得于郦注者，自空濛萧瑟之外，真无一物，而独喜善长读万卷书，行尽天下山水，囚捉幽异，掬弄光彩，归于一绪。以力致其空濛萧瑟之情于世，而胸中独抱是癖，且独著一书而死。而世人犹执考核丑记以求之，不幸而与类书同功。呜呼！则是书亦可不著也。

据此可知，谭元春等人对于《水经注》中所记载的广博知识内容可谓全不在意，毫无兴趣，而只对郦氏书中生动形象的文字情有独钟，认为这些才是郦氏著书的旨趣所在。同时认为世人仅将《水经注》视为类书而考核其中记载的做法，是作者的不幸。由此可见郦学词章学派只求浮华、不务实际的学风倾向。

崇祯七年（1634）刊刻的陈仁锡本以吴本为底本校勘而成，其中有关评点郦《注》辞藻的批语亦频频见于书眉。

此外，清康熙五十四年（1715）项䌹以谭本为底本刊行的《水经注》（简称"项本"）与乾隆十八年（1753）黄晟的槐荫草堂对项本进行的翻刻本（简称"黄晟本"），继续沿续了词章学派的风格，除在郦书的普及与推广方面起到一定作用外，在郦

明崇祯严忍公本《水经注》

中国国家图书馆藏

明崇祯陈仁锡本《水经注》

日本国立国会图书馆藏

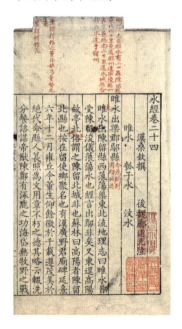

清乾隆项絪本《水经注》

复旦大学图书馆藏

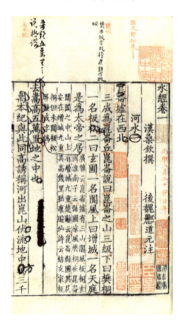

清乾隆黄晟本《水经注》

中国国家图书馆藏

《注》研究方面则没有任何实质性拓展。

其后，郦学词章学派渐趋衰落，考据学派重新占据了主导地位，并在清中期以后又兴起了一个治郦的地理学派。

3. 地理学派的异军突起

虽然清初康熙年间以黄仪为代表的治郦学者已经注意到将地理判断引入《水经注》的研究之中，但真正能够形成郦学中一个以地理为主导思想来进行研究的地理学派，还是要到清中期以后。

嘉庆二年（1797），张匡学《水经注释地》（附《水道直指》《释地补遗》）（简称"《释地》本"）刊行。这是一部试图从地理角度对《水经注》进行诠释的专门著作。不过，总体而言，《释地》本的学术价值有限。此书以黄晟本为底本，全无校勘，其地望考证部分均遵从《大清一统志》等，类同转抄。杨守敬《水经注疏·凡例》所说"至若张匡学之《释地》，绝无心得"可谓道出实情。

水經卷一

漢桑欽撰　後魏酈道元注　新安張匡學二悅氏釋

河水一

崑崙墟在西北

三成為崑崙邱崑崙說曰崑崙之山三級下曰樊桐

一名板松二曰元圃一名閬風上曰增城一名天庭

是為太帝之居廣雅云崑崙墟有三山閬風板桐元圃凉風樊桐在崑崙縣圃淮南子云崑崙縣圃其尻

閬圃之中山上有層城九重其高幾里崧康遊仙詩云結友家板安在增城九重其高幾里崧康遊仙詩云結友家板

桐但未聞板松疑或字誤

去嵩高五萬里地之中也

禹本紀與此同高誘稱河出崑山伏流地中萬三千

清嘉庆张匡学《水经注释地》

日本内阁文库藏

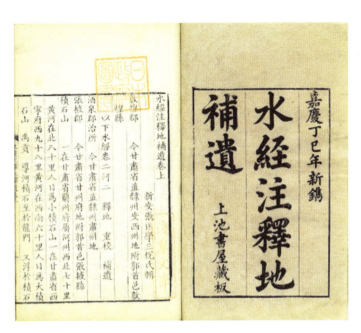

清嘉庆张匡学《水道注释地补遗》

日本内阁文库藏

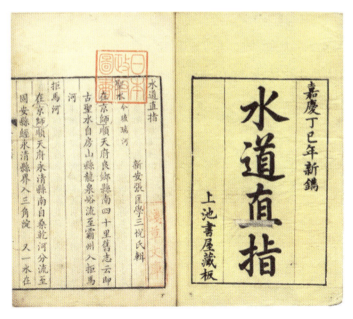

清嘉庆张匡学《水道直指》

日本内阁文库藏

道光元年（1821）沈钦韩大体完成了《水经注疏证》（以下简称"疏证"本）这部书稿。除手稿本外，此书仅见几部录复的抄本，故严格意义上讲，"疏证"本还仅是一部"初稿"本。

《疏证》本在治学方法上呈现出承上启下的作用：一方面在借鉴胡渭、孙潜、全祖望、赵一清、戴震等人校勘成果的基础上，继续推进《水经注》的校勘工作；另一方面，"下与杨（守敬）、熊（会贞）二氏致力之途径大体而合"（段熙仲《沈钦韩〈水经注疏证〉稿本概述》），以地理学的视角来研究《水经注》。

除校勘方面之外，《疏证》本的成就主要表现在对故城旧宫、陵墓庙宇等故迹的地望和山川陵谷变迁方面的考定。《疏证》序中自述：

> 其山川郡县，得陵谷变迁之由，历代割度之制，证以专门名家之书，同张守节引《括地志》之例，终取信于本朝《一统志》。

又说：

> 以今之地望，准向之水道。

确如沈氏自序中所述，《疏证》本依据《水经注》所载，参征《括地志》《元和郡县图志》《太平寰宇记》《大明一统志》《读史方舆纪要》《大清一统志》等地理总志、《长安志》《雍录》及明清地方志等相关文献的记载，考定故城旧宫、陵墓庙宇等故迹的地望。《疏证》并非单纯引述上述文献的记载，还有自己的判断。如卷十九《渭水篇》载：

（渭水）又东过槐里县南。

《疏证》本曰：

《长安志》：槐里故城即犬丘城，在兴平县东南十里，其西城曰小槐。《寰宇记》以小槐里在武功县，非也。

对山川陵谷变迁的考证，《疏证》本除引述上述地理总志、地方志之外，还较多引述《水道提纲》等的相关记载，梳理河流的源头、流路等总体概况。

除此之外，《疏证》本还对河川陵谷古今名称的变迁进行考证。如针对《水经注》所述"浐水"与《魏书·地形志》等

清沈钦韩稿本
《水经注疏证》

南京图书馆藏

清沈钦韩稿本
《水经注疏证》（又一种）

中国国家图书馆藏

文献所载不合的问题，《疏证》认为这是由于河流名称出现了
徙转而造成的：

> 自《魏书·地形志》以出苦谷者为泸水，始与《水经注》
> 异。唐宋以来，故道莫辨，大抵荆溪、狗枷及上流诸水，皆目
> 为泸源矣。

不过，总体而言，其在地望考证、河流流路的梳理等方

面，还较为疏略。

　　咸丰五年（1855），汪士铎完成了《水经注释文》（简称"《释文》本"）这部书稿的撰写工作。《释文》本是以地理学的视角研究《水经注》的重要著作，在地望的考证、河流流路的梳理等方面，优于《释地》本、《疏证》本，并通过地理形势的考定，来整理脱简错简，多有创见。

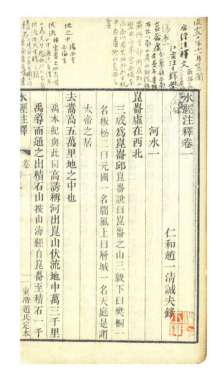

清咸丰汪士铎稿本《水经注释文》

复旦大学图书馆藏

　　《释文》本通过对地理形势的考定，对相关注文的位置进行调整。卷十七《渭水篇》载：

　　又有关城川水出南安城谷水出北丘川参差注渭水。（李按，此句为《释文》本文句。殿本后来校勘调整为："又有关城川水出南，安城谷水出北，两川参差注渭水。"）

　　《释文》本曰：

"谷水出北丘"，上有脱文。按，《通鉴》七十七卷引此文云："董亭在南安郡西南，谷水历其下，东北注于渭。"（其下方接云）"渭水过獂道南，獂道，南安郡治也。又东径武城县西，武城川水入焉，盖以川名县也。"（武城不见《地形志》，盖后省也）据此则此"又有关城川"至"注渭水"廿一字，既有脱文，又宜系之上。有"过水合注之"之下，见一简有脱误也。

汪士铎据《通鉴》所引郦《注》"董亭""獂道"的地望，结合城亭、河流的相对位置，来调整错简，这种思路是可取的。

另外，与《释地》本、《疏证》本相较，《释文》本河流流路的考证精度有相当程度的推进。如卷十九《渭水篇》载：

渭水又东，与沈水（李按，当作"沇水"）枝津合。

《释文》对沇水、鄠水、沇水枝津的流路以及河渠注入、枝津歧出的状况进行了较为细致的考述。如沇水，《释文》本曰：

　　按，今水道与昔不同，沈水（李按，当作"沋水"）出咸宁东南大义谷，北流折而西注于樊川，分枝北流，而正流西逝。又南合白道谷、小义谷、羊谷三水，又西流过申店桥，径香积寺北，西入镐水（李按，当作"鄗水"）。

而关于鄗水诸源的源头则更为详细：

　　镐水（李按，当作"鄗水"）五源，最东者发羊谷西之土门谷，次东者发源交谷西之炭谷，中者发源竹谷西之石鳖谷，历黄良镇西，而三流合。次西者发源黄谷西之子午谷，径子午镇西，入上三水，合流西径香积寺南、姜村镇北，而南会最西一源。源发豹林谷，历御宿川东而北流，合上四源以北注，右会沈水（李按，当作"沋水"）。

当然，《释文》本所考述的河流流路时有不妥之处，但与前人相比，已有较为显著的推进。

　　光绪年间杨守敬、熊会贞师生二人不满于殿本《水经注》过于依赖臆校和体例而对郦《注》文字更改后所产生的与实际

杨守敬

地理形势有别的问题，开始以王先谦的《合校水经注》为工作底本，着手撰写《水经注疏》（简称"《注疏》本"），在比对前人校勘的同时，重点探讨郦《注》所载河流的地理形势，在地理学上取得了超越前人的成就。是书几经易稿，历数十年，至杨、熊二氏身后仍只留传下来数个稿钞本，其中北京科学出版社影印的钞本与台湾中华书局影印的稿本，基本可以反映出《水经注疏》最终的编纂面貌。因此，这两种稿（钞）本的价值较高，也较为学界重视。

除校勘方面之外，《注疏》本在地理学方面所做的工作，明显超过《释地》《疏证》《释文》等，主要表现在以下五个方面。

其一，《注疏》本所引征的文献资料明显超过前人，涉及正史、《括地志》《元和郡县图志》《太平寰宇记》《读史方舆纪

钞本《水经注疏》

科学出版社影印

清杨守敬、熊会贞稿本《水经注疏》

台湾中华书局影印

要》《大清一统志》等地理总志、《太平御览》《文苑英华》等类书、《三辅黄图》《长安志》《雍录》等专志，以及为数众多的明清地方志、文集等。

其二，对于所引征的文献，《注疏》本多有独立的选择和判断，而不盲从。如卷十七《渭水篇》载：

渭水又东，伯阳谷水入焉。水出刑马之山伯阳谷。

《注疏》本曰：

> 会贞按，残宋本作'之山'。《一统志》：刑马山在秦州西九十里。《秦州志》：在州西南九十里。会贞按，此伯阳谷水及下苗谷水，并在秦州之东，二水出此山，则山在州东，与近志皆不合，盖后人未确知山之所在，别指一山以当之也。

其三，对于城邑地望的考证，卓有创见。如卷十七《渭水篇》载：

> 渭水又东径郁夷县故城南。

《注疏》本曰：

> 守敬按，前汉县，属右扶风，后汉废。汉郁夷故城在今陇州西五十里，诸地志无异辞。此下引《地理志》有汧水祠，乃故郁夷事。又引《东观汉记》船槃至郁夷、陈仓，先言郁夷，后言陈仓，则此郁夷必在陈仓东，故《注》叙郁夷于渭水东径陈仓后。《寰宇记》引《地道记》，郁夷省并郿，盖因王莽之

乱，郁夷之人，权寄理郿界，因并于郿者也。

其四，根据郦《注》所载，结合当时地理，考证山川陵谷的古今变迁。如卷十七《渭水篇》载：

水出东北大陇山秦谷，二源双导。

《注疏》本曰：

守敬按，今曰后川河，其源为长家川，出清水县东北陇城关，但止一源，与古异。

其五，根据郦《注》及相关文献所载，详细梳理河流源头、流路等总体概况。如卷十九《渭水篇》载：

故渠又东而北屈，径青门外，与沈水枝渠会。渠上承沈水于章门西。

《注疏》本曰：

会贞按，上文叙洍水又北分为二，一水东北流，即上文所谓洍水枝津东北流，径邓艾祠者也。则只一枝津东北出，此复言洍水枝渠，上承洍水于章门西，则似有两枝渠自洍水出。按渭水合洍水后，荥水自渭出，东流注渭，渭水又与洍水枝津合。渭水又东，始径长安城北，则洍水去长安城尚远。郦氏言洍水枝渠上承洍水于章门西，盖即洍水枝津。上文所谓洍水枝津分为二，一水注藕池者也。

不过，《注疏》本在地理方面的考证，也存在着明显的局限。如由于所据资料的限制，对于一些较小的河流，《注疏》本仅能依据郦《注》所载，推测其相对位置。如卷十七《渭水篇》载：

渭水东南流，众川泻浪，雁次鸣注：左则伯阳东溪水注之，次东得望松水，次东得毛六溪水，次东得皮周谷水，次东得黄杜东溪水，出北山，南入渭水。

《注疏》本曰：

会贞按，五水当在今秦州之东，今有段峪河，去伯阳城稍远，疑即望松水。伯阳东溪与伯阳川近，当在其西，毛六、皮周二水则当在其东。今大震关西南有一水，南入渭。陇西南入渭之水始于此，当即黄杜东溪也。

4. 各种《水经注》图的编绘

想要真正读懂《水经注》绝非一件易事。这不仅仅是因为《水经注》版本流传复杂、典籍引用众多、山川古今有异、城邑兴废无常，还与郦道元所采用的"因水以证地""即地以存古"的记叙方式密切相关。这样的谋篇布局就需要在阅读时有一部相应的《水经注》图集作为参照，才能明白郦《注》文字的具体空间所指。否则，大多只能停留在对书中优美辞藻的欣赏层面，而对其中所提及的地理线索难明就里。换言之，《水经注》非图不能明。

职是之故，自宋代以降，即有学者开始从事与《水经注》图绘制相关的工作。下面即对古今出现的《水经注》图及其相关的著述做一梳理，以期呈现郦学发展史上的一个重要侧面。

（1）程大昌《禹贡山川地理图》

从现存传世文献上看，至迟在宋代已出现与《水经注》所载内容相关的地图。南宋学者程大昌于淳熙四年（1177）所绘的《禹贡山川地理图》中，即有展示《水经注》内容的地图。程大昌撰有《禹贡论》（分"论上"与"论下"，共五十二篇）与《禹贡后论》（八篇），《禹贡山川地理图》（分"图上"与"图下"，共三十幅；每幅图前均撰有"叙说"一篇）并《论》与《后论》一起，共计五卷，三者文图互见，实为一体（今中国国家图书馆藏有南宋淳熙八年〔1181〕刊本）。

在《〈禹贡山川地理图〉序》中，程大昌写道：

图以色别，青为水，黄为河，红为古今州道郡县疆界。其用雌黄为识者，则旧说之未安而表出之者也。

据此，可知程氏的《山川地理图》原稿为了图面信息的清晰呈现而采用了四色绘制，不仅注意到一般河道与河水的区别，还区分了古今州县辖界的变化；另外，对诸家《禹贡》旧说存在争议之处，也着重做了显示区分。然而，在四年之后泉州刊本所附陈应行的《禹贡论图跋》中，又出现了如下的变通表述：

> 凡所画之图，以青为水者，今以黑色与水波别之；以黄为河者，今以双黑线别之；古今州道郡县疆界，皆画以红者，今以单黑线别之；旧说未安皆识之以雌黄者，今以双路断线别之。

可见刊刻地图时，最终由多色改为单色，应该更多是由于雕版印刷技术方面的制约，无法采用套色精准印刷所致。

《禹贡山川地理图》中从名称上直接反映《水经注》内容的地图共有三幅，依编排顺序，其名称分别为：《水经济汴互源图》《郦道元张掖黑水图》《水经叶榆入南海图》，分别对《水经》所载济水在河水以南的流路、郦《注》所载张掖黑水流路以及《水经》叶榆水所涉相关问题，通过图标及相应的文字图说进行了辨析，提出了自己认为正确的看法。

其实，在程氏的《禹贡山川地理图》中，与《水经注》有关的远不止这三幅图。从各图所配的图说中可以了解到，有许

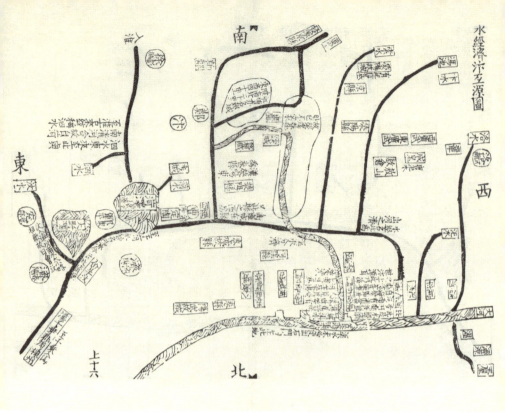

南宋程大昌《禹贡山川地理图》(《水经济汴互源图》)

中华再造善本

多地方都讨论了《水经》或郦《注》所涉及的内容。进言之，倘视整套图集都是以郦《注》为主要参考数据绘制底图，然后再加绘的南宋当代河川，也并不为过。因此，将"现存最早的《水经注》图"冠名给程大昌编绘的《禹贡山川地理图》，是完全可以成立的。（陈桥驿《〈水经注〉图》）

（2）黄仪《水经注》图

程大昌之后，在《水经注》图绘制上有过实践，并对其后的郦学家产生重大影响的人物，则非清初康熙年间的学者黄仪莫属。在《清史稿·文苑传》中，对黄仪有如下的记载：

> 黄仪，字子鸿，常熟人。精舆地之学。尝以班固《地志》所载诸川，第详水出入，其中间经历之地，备著于《水经》，然读者非绘图不能了。乃反复寻究，每水各为一图。凡都邑建署沿革、山川险易皆具焉，条缕分析，各得其理。阎若璩见之，叹曰："郦道元千古后一知己也！"

据此可知黄仪曾绘有一套《水经注》图，惜其图今已亡佚，难窥其详。不过，从与他过从其密的友人胡渭所记述的文字中，对这套图的绘制方法还是能有一个大致了解的。在胡渭《禹贡锥指·略例》中，有这样的描述：

> 郦道元博览奇书，掇其菁华，以注《水经》，得从来所未有。……近世文人则徒猎其隽句僻事，以供词章之用，而山川古迹，一概不问。孰知为《禹贡》之忠臣，班《志》之畏友哉？唯子鸿深信而笃好之，反复寻味。每水各写为一图，两岸翼带诸小水，无一不具，精细绝伦。余玩之不忍释手，百诗有同嗜焉。

其中胡氏提及的"每水各写为一图，两岸翼带诸小水"即是黄仪绘制《水经注》图的具体呈现形式。这里的"每水"，当是《水经注》各篇中所述的主干水道；"诸小水"，则是这条主干水道两侧的众多支流。换言之，黄仪每幅图是以《水经注》各篇为图幅单元来绘制的。这样的分图方式，形象展示了水道的干支流关系（可与今之水系相埒），无疑与郦《注》的行文最为契合。其绘图由此赢得胡渭与阎若璩（字百诗）两人的高度赞赏，乃至到了"玩之不忍释手"的地步，也就不足为奇了。

（3）胡渭《禹贡锥指·禹贡图》

黄仪绘制《水经注》图，注重从地理的角度来研究《水经注》，这对胡渭影响颇深，并在一定程度上反映在其所撰写的《禹贡锥指》这部解读《禹贡》的旷世名著中。世人对《禹贡锥指》更多关注的是其对《禹贡》本文的注疏，而对其中所附的《禹贡图》似并未给予应有的重视与恰当的评价。其实，倘若细心观览这些图中标示，即可发现所涉内容已远超《禹贡》文本本身，更多反映的是郦《注》所载信息，且胡渭自己在《禹贡锥指·略例》中也提到了这一点：

余释九州之文，每水必援《水经》以为证，而于导水尤详。更摘取《注》中要语，夹行附提纲之下，亦或有借《注》作提纲者。

又曰：

于是不揣孤陋，既作《锥指》，辄据九州、五服、导山、导水之文，证以地志、《水经》，参之诸家传记，略仿朱思本意，计里画方，为图四十七篇冠其首，而限于边幅，布置逼侧。

可见，不论是胡渭《禹贡锥指》的书中正文，还是据正文文字而绘制的《禹贡图》，都参考或征引了不少《水经》与郦《注》的文字内容。故若将这些图视为宽泛定义的《水经注》图，亦颇存合理之处。

此外，从图的绘制形式上看，大多是以主要河流为主干来进行分幅的，比如《导渭图》即以渭水为主干，两侧绘出主要支流。这种做法与黄仪所采用的"每水各写为一图，两岸翼带诸小水"的绘图方式无疑颇为相近。换言之，黄仪图虽然今已

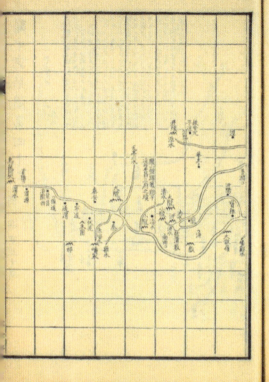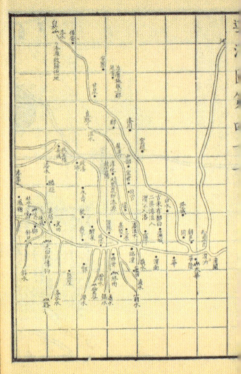

清康熙胡渭《禹贡锥指》之《禹贡图》(《导渭图》)

日本早稻田大学图书馆藏

不复得见，但从胡渭《禹贡图》的一些图幅中亦可推知大概。

（4）董祐诚《水经注》图

　　嘉庆年间的学者董祐诚（字方立）是《水经注》图绘制史上的又一位践行者。然斯人英年早逝，所绘《水经注》图成未竟之事，殊为可惜，令人扼腕。有关董图的细节，今仅能从其兄董基诚在为其所编遗书的序言中得知一二：

《水经注图说》四卷，为方立遗书之六。方立年二十五，始究心地理之学。尝节取《水经注》，证以今之水道。分图系说，自成一书。为之累年，仅得四卷。卷中图说俱备。惟河水自采桑津以下，有图而无说。图大者径数尺，小者亦径尺许，当别为一册。今录入遗书者，仅其说也。

据以上其兄基诚所述与董祐诚遗书中所收入的《水经注图说》四卷内容，可知祐诚所绘之图仅涉及河水、汾水、涑水流域诸篇所记述的地域范围。又从"图大者径数尺，小者亦径尺许"来推测，董氏绘制的《水经注》图可能也是像黄仪一样，以某一较大水道为主干来分图幅的。董基诚在编辑祐诚遗书时，仅将图说录入而未及原图，恐出于刊刻方面的考虑，毕竟在雕版印刷的时代，文字制版比图版要更容易，投入的成本也自然会低许多。不过，也正是基诚最后采取的图"当别为一册"的做法，致使这些原图因一直未能刊行而亡佚，后人再也无缘一睹祐诚的《水经注》图原貌了。

（5）汪士铎《水经注图》

上面述及的这几种《水经注》图，与《水经注》全部内容

清嘉庆董祐诚《水经注图说残稿》

中国国家图书馆藏

相比，都还相差不少。从这个角度上说，咸丰年间学者汪士铎绘制的《水经注图》是现存最早较全面反映《水经注》内容的图集。汪氏对《水经注》用力颇深，有《水经注释文》稿本传世。在这部《水经注图》最后，有他一段记述文字：

蒙向为《水经注图》，钩稽群籍以为读唐以前古书者之一助。既罹粤寇，焚如弃如。乙卯，客授绩溪，追补此卷。所居深谷，考证无书，舛误之处，良多不免。辱承座师益阳胡先生深相闵恤，必欲存其鸿爪，固辞不获，故志其缘起。其

《水经释文》语稍繁重，不敢为梨枣灾也。咸丰十年天正晦日江宁汪士铎自记。

从上述跋语中可以得知，汪氏在刊行的这部《水经注图》之前，道光年间原本另绘有一部内容更为详尽的《水经注图》，惜毁于兵燹，而这部图集则是在此之后避乱安徽绩溪山中之际，"追补"而成。其中提及的"益阳胡先生"，是指清末重臣胡林翼，曾在汪氏会试中担任主考官，是其"座师"。汪氏这部《水经注图》的刊印，胡氏不仅力促其成，还撰写了称赞有加的序文。

然而，通览这部刊刻的《水经注图》，可以觉察到其中存在的问题着实不少。汪氏"舛误之处，良多不免"的夫子自道，恐难视为仅是自谦之语；胡林翼在序文所说"以补黄子鸿氏之所逸"的效果，也未必能成为学人共识。清末学者王先谦在《合校水经注·例略》中提及这部图集时，曾有如下的评价：

江宁汪士铎《水经注图》，精思密致，经纬厘然。然亦颇有讹误，惜其不及参绘今地，未为尽善。

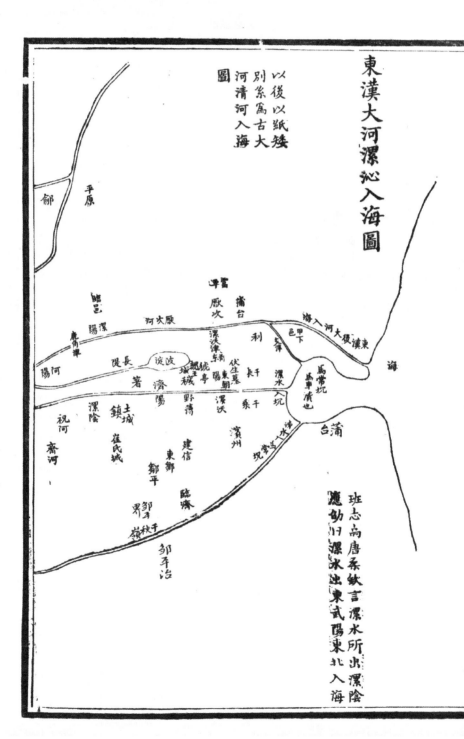

東漢大河漯沁入海圖

以後以紙矮
別紙爲古大
河清河入海
圖

海入河大後漯東

海

平原
鄃

臨邑
漯陽
厭次河
漯陰
鹿角津
阿陽
長堤
濟陽
著
茌城
鎮
崔氏城
祝河
齋河
漯陰
野薄
犬丘
東朝陽
漯沃
陽朝
漯沃津
伏生墓
利
千乘
漯水入坑
甲下
女津
乘
千坑
濱州
建信
鄒平
臨濟
東鄒
界
鄒平秋于
嶺
鄒平治
馬常坑馬車瀆也
馬常坑
神水出常坑
蒲台

班志高唐系欽言漯水所出漯陰
應劭川漯冰出東武陽東北入海

古大河清河入海圖

後漢袁楷傳注隄陰在漯水之南故城在今宋州臨邑縣西抍隄即漯之誤父邑在漯北想故城在漯南也

班志靈縣河水別出為鳴犢河東北至篠入屯氏別河東北至篠入屯氏別信成張甲河首受屯氏河東北至篠入漳水貝邱應劭曰左傳齊襄公田于貝邱是按應此說誤平原有篤馬河東入海行五百六十里高縣平當以為冨津敗獿師古曰爾雅說九河鉤盤

樊哙曾俘汪清河宛朐皆有責衆城

其实汪氏《水经注图》中的问题除了王氏提及的存有"讹误"与"不及参绘今地"外，还有一个更大的问题是并未按照一定比例绘制。从图中所呈现的风格与注记内容看，其仅仅是一部简单的表示相对位置关系的黑白示意图，无疑会使图面所呈现的内容在准确性方面大打折扣。这一点，汪氏自己也意识到了。因此，他在《〈水经注图〉原武以上今河图中》中即有这样一条旁注：

凡图须计里画方，方为致确。然以之为书，则东西可展而南北不能容。若缩本过狭，则注不能尽载。今略举一隅，以见梗概。

其中提及的"计里画方"即是中国古代盛行的一种按比例制图的方法。汪氏绘图未采用这种呈现形式，虽然他给出的理由是碍于地图的版面长宽大小，但更多当与他在跋语中所说的其时"所居深谷，考证无书"有很大关系。

此外，还需要说明的是，这部图集虽然名曰《水经注图》，但汪氏似并未完全比照《水经注》文字来依次进行绘制，而是将 159 幅分幅地图，分别归属于 42 个冠有名称的图组之中，在图的划分与编排方面，按自己的思考，做了一定的处理。不仅如此，在每个分幅图中，还大多有包括《汉书·地理志》内容的旁注，用于解释图中所标识的内容。如此的做法，也显得这部图集与众不同。

（6）杨守敬、熊会贞《水经注图》

在汪士铎之后，杨守敬、熊会贞师生二人于光绪末年刊行的《水经注图》，规模宏大，代表了传统舆地制图类《水经注》研究的一个巅峰。杨、熊二人是治郵名家，其合作撰写的《水经注疏》一书，被视为传统《水经注》研究地理学派的集大成之作。不过，由于绘制《水经注图》时，《水经注疏》的撰写工作尚未完成，故其中的绘制错误在所难免，但从反映《水经注》信息的完整性来说，这部《水经注图》至今尚无可替代。

杨守敬在《水经注图》的序言中讲道：

郵亭自序云：寻图访迹。又云：枉渚交奇，洄湍决渡。知其所据，必有至精至详之图。……惜当日不并其图而传之。……至国朝常熟黄子鸿仪始创为补图，而未闻传世。咸丰间，江宁汪梅村士铎复为之图。治此学者，差有津逮，惜其参稽未周，沿溯不审，往往与郦书违异。余既同熊君会贞撰《水经注疏》，复为图以经纬之。昕夕商榷，年历三周乃成。昔郦氏据图以为书，今乃据书以为图。

据上所述，可知杨、熊二人编绘《水经注图》的缘由。郦道元撰写《水经注》之时，除了依据诸多典籍外，还应有地图作为参考，只是这些图都未能流传后世，故杨守敬说"昔郦氏据图以为书"。后人如黄仪、汪士铎等人虽有补图之作，但杨氏以为这些工作"往往与郦书违异"，无法准确体现《水经注》所记载的内容。于是他与熊会贞二人通力合作，用三年的时间"据书以为图"，完成了绘制《水经注图》这项浩大的工程，以便与他们二人合作的另一项工作——《水经注疏》互为经纬，收相得益彰之效。杨氏对其研究成果的自信之情，溢于言表。细览这部《水经注图》，也确实可以发现无论是在地图绘制采用的形式上，还是在图中具体内容的呈现上，皆远超前人所作。

先从绘制形式上看。第一，《水经注图》以吸收了清《皇舆全览图》《乾隆内府舆图》的长处、且参照了李兆洛《皇朝一统舆地全图》的画法、而于同治二年（1863）刊行的胡林翼《大清一统舆图》(《皇朝中外一统舆图》) 作为底图，并保留了原图将经纬网与画方融于一图之中的画法。第二，《水经注图》采用了"古墨今朱"（古水古地的图记标识饰以黑色，今水今地的图记标识饰以红色）的绘制形式，将古今地理对照呈现，大大丰富了图面的信息量。第三，针对整幅《水经注图》总图幅过于巨大的情形，将总图按每两幅分图为一叶进行分割，装订成册，便于携带翻阅。

再从内容呈现上看。《水经注图》(总图) 由主体地图组（由 552 幅分图组成。每幅分图以纬度为图幅的上下框线，以纬差 1 度为一排，从北至南一共 25 排。每叶图右边框上、下均标有纬度注记。此外，图中还绘有经差为 1 度的经线与计里方格）、西域图组（比例尺比主体图组小。分图中的方格即是经纬度，不再是计里方格）、越南图组（包括温水、叶榆水、斤江水图等）、城市图组（如洛阳城图、长安城图等，采用单色绘制，已属示意性质）及《禹贡山水泽地所在》图（小比例尺绘制）等五部分组成（甄国宪、陈芝《水经注图》前言）。图中所绘内容，悉以郦道元《水经注》

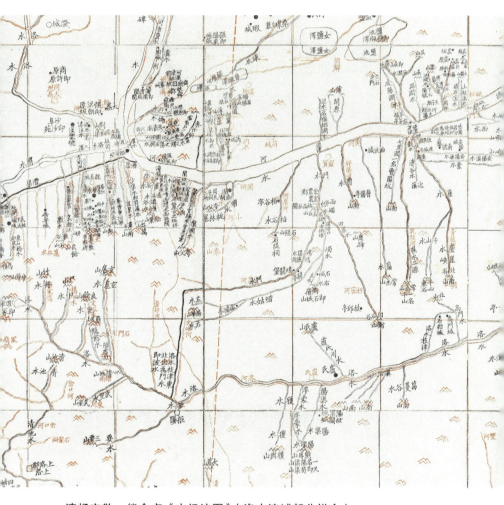

清杨守敬、熊会贞《水经注图》(洛水流域部分拼合)

日本东洋文库藏

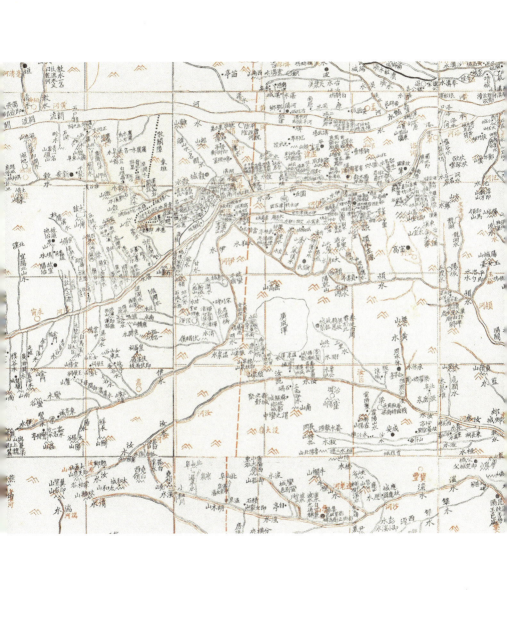

所述而定，唯遇以下情况时做变通处理：其一，对《水经注》中明显的方位字词讹误及脱漏错简，加以纠正后以正确的结论绘出；其二，当《水经》与《水经注》所载水道流路不完全一致或各有所指时，则分绘两图。另外，考虑到《水经注》中所记载的城邑存废反映的是不同时代的信息，《水经注图》中也设计了大体相对应的多种城邑图记。

为更深入细致地了解《水经注图》的编绘方式与呈现的内容，下面以图中所绘河水（今黄河）流域图幅为例，对照《水经注》所载再做一观察。

《水经注》所载河水流域的文本散见于各卷之中，具体涉及以下十二卷：① 河水干流部分（卷一至卷五《河水篇》）。② 河水支流部分，包括：A. 汾水及其支流与湛水（卷六《汾水篇》《浍水篇》《文水篇》《原公水篇》《洞过水篇》《晋水篇》《湛水篇》）；B. 清水与沁水（卷九《清水篇》《沁水篇》）；C. 洛水及其支流（卷十五《洛水篇》《伊水篇》《瀍水篇》《涧水篇》，卷十六《穀水篇》《甘水篇》）；D. 渭水及其支流（卷十六《漆水篇》《沪水篇》《沮水篇》，卷十七至卷十九《渭水篇》）。此外，如《水经注》卷七至卷八济水、卷二十二的渠水、卷二十三的阴沟水、汳水、获水以及卷二十四的睢水、瓠子河、汶水等河流，在历史时期也曾与河水沟通，关系密切。不过，从《水经注》叙述的角度，这些河流皆有其独立性，尤其是其中的济水，与河水、淮水、江水合称"四渎"，故此处暂不将上述这些河流纳入《水经注图》所绘河水流域的图幅讨论范围之中。

《水经注图》所绘河水流域包括三大部分，即《水经注图》主体地图组中的 126 幅分图、西域图组的 8 幅分图及洛阳城图与长安城图 2 幅都城图，所绘制的内容与上述十二卷内容大体相匹配（尚包括一些散佚篇目的辑补内容），将《水经注》提及的河水流域大大小小 900 多条干支流、800 多个城邑以及其他一些自然与人文地理的诸多信息都一一绘制在了地图上，十分详细地反映了北魏及其以前的整个河水流域的状况。

现将《水经注图》绘制时采取的一些具体处理方式再做较深入的剖析：

其一，有关河水源头的描绘。郦道元在《河水篇》中四次提及的河水"伏流""重源"，是其时流行的"河水重源"说。古人认为河水由昆仑山发源后，在蒲昌海潜流地下，然后再到

积石山（今青海东南部阿尼玛卿山）才又流出地面。其实，这是
古人对于河水源头认识不清所致。所谓"河水伏流（重源）"前
的昆仑山至蒲昌海一段，应该是指今塔里木河，与河水的源头
了不相涉。郦道元在这个问题上也不可避免地扮演了以讹传
讹的角色，这是由于其时代局限性所决定的。对此应该客观
看待，而无需求全责备。《水经注图》在绘制河水源头时完全
按照郦道元所述进行了展现：在"河水重源潜发"之前的部分
（实为今塔里木河）纳入西域图组以小比例尺所绘制的 8 幅分图
之中，"重源潜发"之后的河水则在主体地图组的分幅中进行
描绘。这样的处理，实际上是用一种委婉的方式，揭示出《水
经注》有关河水源头描述中存在的问题。

其二，河水中游的汾水、渭水及洛水三大流域，是《水经
注》重点记叙的对象，信息量很大，《水经注图》为此也不厌
繁复，对这三大流域的绘制极为详尽。不仅如此，《水经注图》
还绘出了经过学者们研究而辑补出的《水经注》文本内容。其
中渭水流域就有丰水、泾水、芮水、洛水（北洛水）诸篇散佚。
故自清代起，已有学者对《水经注》散佚诸篇进行辑补。《水
经注图》绘制渭水流域部分时已注意将这些成果反映到了图

中，令图面信息更趋丰富。

其三，河水下游河道的走向。黄河以善决、善徙著称。《水经注图》中依据《水经注》所载，对河水下游河道的演变情况有一定的描绘。据谭其骧先生考证（氏著《〈山经〉河水下游及其支流考》《西汉以前的黄河下游河道》），从春秋战国到《水经注》成书的南北朝时期，河水下游河道的主要流向大体可以分成四条：一是《山海经·北山经·北次三经》记载的河水下游河道；二是《尚书·禹贡》记载的大河；三是《汉书·地理志》记载的大河，其部分水道亦即郦道元在《水经·河水注》中记载的"大河故渎"（在《水经注图》中以黑色特粗线表示）；四是东汉王景治河后出现并基本维持到唐代的河水下游河道，也就是《水经注》中所描述的河水下游河道（在《水经注图》中以双勾线表示）。依据《水经注图》所绘出的河水流域下游部分，可以直观地看到北魏以前的河水下游河道南北摆动的变化情况。

其四，《水经注》一书记载了河水流域内大量的水利工程，《水经注图》也相应地对这一区域内的水利工程依照郦《注》所述做了详细的描绘，其中尤以渭水流域与洛水流域诸篇所反映的各种水利工程最为突出。如渭水中下游地区渭水以南的昆明池、漕渠，渭水以北的成国渠、郑国渠、白渠等；洛水流域改造穀水河道而成的千金渠（进入洛阳城周边后又称阳渠），以及位于洛阳城西北千金渠上的控水工程千金堨与皋门桥等，都在图中进行了标示。

其五，《水经注》的《渭水篇》与《穀水篇》还详细记载了汉长安城与汉魏洛阳城的情况。其中在《穀水篇》中有关洛阳城的一段注文竟多达 7 000 余字，涉及了洛阳城的布局与建筑等诸多方面，号称《水经注》中的第一长注。如此丰富的信息，在《水经注图》主体图中显然无法具体呈现，需要另绘两幅都城图（洛阳城图、长安城图）展现细节。不过，囿于其时对汉魏洛阳城与汉长安城的空间布局缺乏足够的了解，两幅都城图都只能单色绘出，无法对照古今地理形势，都城形制的精准性不免大打折扣，图中信息徒具示意性质而已。

其六，郦道元撰写《水经注》所采取的主要方式是"默室求深，闭舟问远"，"访渎搜渠，缉而缀之"（郦道元《水经注·原序》）。换言之，他对《水经》所做的"布广前文"，大都是他依据当时所见的各种文献资料与地图所做的"纸上谈兵"，而非通常所认为的是他进行实地考察后的产物。这样撰写的一个结果就是容易将某些河道之间的彼此关系搞错。针对这种情况，《水经注图》主体地图组中采用了黑线示意的形式，让观图者明白实际上的河流关系并非如此。如《河水篇》中记载河水支流门水与《洛水篇》中从洛水主干分出的洛水枝渠为一水而相连，这显然有违常理。《水经注图》虽然照舆《注》所载原样绘出，但在洛水枝渠部分用黑线画出，以此来提醒大家这样一条从洛水直通河水的河流不可能存在（事实上，舆道元是将流入黄河的西弘农涧河〔即舆《注》门水〕与流入洛水的西峪河〔即舆《注》洛水枝渠〕混淆所致。由于西弘农涧河上游与西峪河源头极近，古时绘制地图时，可能出现了墨线相连，这或许是舆道元记载门水沟通河、洛二水的缘由）。

　　综上所述，可以说杨守敬、熊会贞的《水经注图》在所运用的方法及试图展现的内容方面，都已经达到了其时代的前沿水平，而且，在一定程度上说，也宣告了传统《水经注》图绘制时代的终结（此后虽有郑德坤从事过与《水经注》图有关的工作，但因现仅存一概略性总图而分图已佚，故无法全面评价。另外，谭其骧先生《中国历史地图集》三国两晋南北朝时期各图组中的水道图，在某种意义上说，也是《水经注》所载水道的部分反映，唯各分图的比例尺过小，无法绘出细节内容。除此之外，还有一部佚名《水经图说》〔现藏中国科学院自然科学史研究所资料室〕，系仅针对《水经》文本而作，并不涉及郦《注》内容，从其中征引的文献来看，应该是清中期以后的作品，形式上与董祐诚的《水经注图说》类似，只有文字，没有地图）。换言之，如果再想在《水经注》图绘制方面有所创新，必须另觅他法。

传统郦学研究大多集中于文本校勘与文句欣赏方面，即使被视为《水经注》研究集大成之作的杨守敬、熊会贞合撰的《水经注疏》，也因限于当时的研究条件，还有很多问题（尤其是地理方面的问题）没有解决，他们所绘制出的《水经注图》也难称精准，无法适应现当代学术发展的需要。

20 世纪 80 年代初，谭其骧先生在其《自传》中即曾表示，在他主编完成《中国历史地图集》（共 8 册）之后，最想着手的研究工作就是对《水经注》的系统探究，"重写《水经注疏》，重绘《水经注图》"。（谭其骧《谭其骧自传》）

1986 年，陈桥驿先生撰文倡议重新编绘《水经注图》（陈桥驿《编绘出版〈水经注图〉刍议——为庆祝地图出版社成立三十周年而作》）。

近些年，周振鹤先生亦多次在不同场合呼吁展开对《水经注》的地理学研究，以重建公元六世纪以前中国的河流水道体系以及人文地理景观，并进而为今天的山川治理与景观改造提供重要参考。

自 2011 年开始，我本人率领的研究团队，采取每周两到三次小组讨论的形式，在前人研究的基础之上，利用传世文献、考古资料及古旧地图，结合文献学、历史学、地理学等多学科的研究方法，并辅以 GIS 数据分析及 3D 制图软件等现代技术手段，从版本校勘细度、史源探究广度、地理考释深度及地图绘制精度等方面入手，对《水经注》的本体展开了全方位的系统研究——新撰《水经注疏》、新绘《水经注图》，至今已刊行了《水经注校笺图释》系列 3 种 5 册，同时还出版了《古本与今本：现存〈水经注〉版本汇考》一书，将新时代郦学研究向前做了大的推进。

1. 文本校勘

欲从事相关《水经注》的研究，文本本身的准确性至关

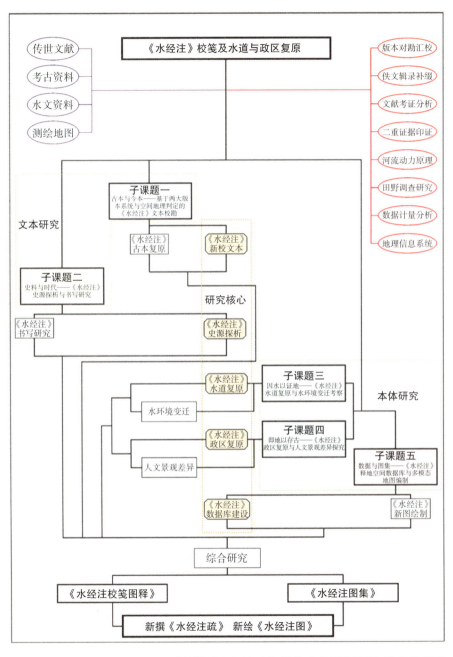

传世文献
考古资料
水文资料
测绘地图

《水经注》校笺及水道与政区复原

版本对勘汇校
佚文辑录补缀
文献考证分析
二重证据印证
河流动力原理
田野调查研究
数据计量分析
地理信息系统

文本研究

子课题一
古本与今本——基于两大版
本系统与空间地理判定的
《水经注》文本校勘

《水经注》
古本复原

《水经注》
新校文本

子课题二
史料与时代——《水经注》
史源探析与书写研究

《水经注》
书写研究

研究核心

《水经注》
史源探析

《水经注》
水道复原

子课题三
因水以证地——《水经注》
水道复原与水环境变迁考察

水环境变迁

《水经注》
政区复原

子课题四
即地以存古——《水经注》
政区复原与人文景观差异探究

本体研究

人文景观差异

子课题五
数据与图集——《水经注》
释地空间数据库与多模态
地图编制

《水经注》
数据库建设

《水经注》
新图绘制

综合研究

《水经注校笺图释》

《水经注图集》

新撰《水经注疏》 新绘《水经注图》

"新撰《水经注疏》新绘《水经注图》"技术路线图

复旦大学李晓杰《水经注》研究团队讨论定稿，杨智宇绘制重要。《水经注》版本众多，在传抄刊刻过程中，不仅存在字词的讹误，而且还发生了《水经》的原文与郦道元的注文相互混淆的情况。通过校勘等手段对《水经注》的文本进行整理，厘清误字、脱文、错简等文本方面的问题，是《水经注》研究的基础内容。虽然经过明清两代治郦名家，尤其是王峻、全祖望、赵一清、戴震及清末民初学者杨守敬、熊会贞等相继不懈努力，上述《水经注》版本中存在的问题得以大体解决，但其中仍存有诸多问题。特别是一些清代学者为追求文通字顺，臆改《水经注》文本的现象时有出现，这也使得今本《水经注》距郦注原书相去颇远。胡适最早注意到这一问题，并力倡设法恢复"古本"，进而洞悉《水经注》最初刊刻时的面貌。职是之故，我本人带领的复旦大学《水经注》研究团队在《水经注》文本校勘领域主要做了两个方面的工作：

首先，是全新校本的工作。在此方面又细分为两种校本：

（1）**汇校本。**即以集校勘大成的戴震主持完成的殿本《水经注》为工作底本，择取《水经注》流传中最具代表性的十三种十五部版本（残宋本、《大典》本、朱藏明钞本、黄本、吴本、《校笺》本、谭本、项本、沈本、《五校》稿本、《七校》钞本、《注释》四库本与初刻本、《注疏》北京本与台北本）作为通校本，进行汇校，打破停留在简单版本比勘与疏通文句的传统做法——传统校勘随意性强，科学性不够，很难恢复郦书原貌——试图从揭橥古本与今本系统《水经注》在版本方面的异同及其发生字词变更的轨迹上着力，不轻易为文通字顺而更动底本。同时，注重将地理判断引入《水经注》校勘的具体实践之中，以期有助于提升校勘的准确度。除此之外，还通过文献辑佚的方法对《水经注》散佚的篇目和文句进行辑补，从而最终呈现出一部最为完善、校勘精良、接近原貌且便于现代学人利用的《水经注》汇校本。具体来说主要涉及四个方面的探究：① 字词考订。对于异文慎言讹误，凡作订改需有版本依据，必要时辅以地理判断。尽可能厘清文本自身叙事逻辑，疏通郦注认知的事实。② 错简识别。基于版本系统认识和地理信息考察，识别文本错简，揭示其发生过程，并覆核清人所作错简调整，对相关文字段落次序进行合理安排。③ 脱文恢复。清理今本系统对脱文之处臆加弥合的问题，在文句不通处考虑存在脱文的可能，结合语境和史源推测脱文原貌。④ 佚篇辑补。《水经注》有五卷散佚。本专题对佚

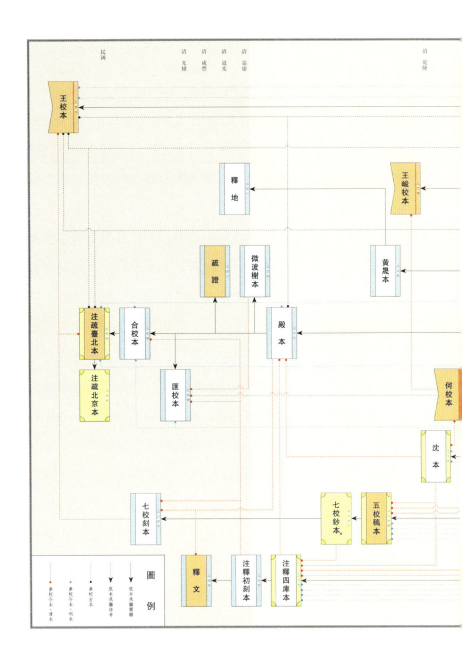

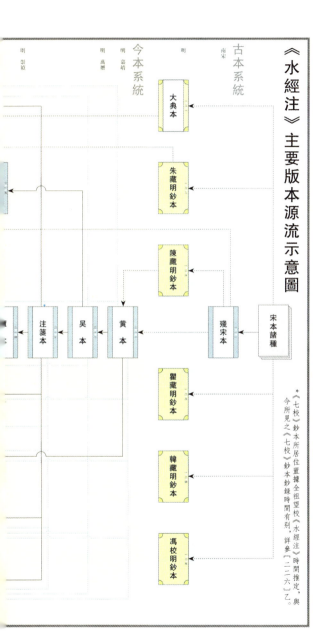

《水经注》主要版本
源流示意图

引自李晓杰等著
《古本与今本——现存
〈水经注〉版本汇考》

篇进行"辑""补"两项工作。其中"辑"系从古籍中摘录甄别佚文,"补"则依据地理形势与上下文意,增加适当文句连缀成文,推动恢复《水经注》全貌。

（2）新校本。即以保存古本《水经注》原貌最为完整的明《永乐大典》本《水经注》为工作底本,以具有代表性的四种《水经注》早期版本（残宋本、朱藏明钞本、黄本、《注笺》本）作为通校本、五种古今版本（陈藏明钞本、冯校明钞本、《注释》本、殿本、《注疏》本）作为参校本,在校勘中尽可能充分尊重古本系统文本合理性的同时,注意吸收今本系统中的意见（尤其是涉及地理方面的观点）,力图为学界提供一个较目前通行本更为完善的《水经注》新校本。

其次,是古本复原的工作。通过复原古本,展现《水经注》文本出现系统性歧变之前的早期形态。《水经注》残宋本与明初钞本应源出于诸种宋本,其中《大典》本明显优于同属古本系统的其他明钞本。故《水经注》古本的复原工作以残宋本为底本,以《大典》本和朱藏明钞本为通校本。具体主要涉及以下两个方面:

（1）**文本复原**。虽然最早存世版本（南宋刊本）残缺过甚，但我们研究团队经过研究发现《大典》本文字与残宋本十分接近，且宋本残缺处均可在不改变行款的前提下以《大典》本文字一一补齐。故将《大典》本与残宋本、朱藏明钞本等互校，从文本上还原一个完善的古本《水经注》。

（2）**版式复原与仿真呈现**。基于古本比勘成果，沿用残宋本版式与行款，包括鱼尾、书口等亦与原版一致，重现宋椠旧观。目前我们研究团队已对汾、涑、渭、洛诸篇古本进行复原，并予以全新仿真呈现。如此复原形式，此前并未之见。

要之，我们研究团队在文本校勘方面的目标是完成《水经注》版本汇校与佚文辑补，厘正古本系统错讹衍脱之处，纠核今本系统失漏臆改之处，整理出全面反映《水经注》主要版本的基本面貌以及彼此之间传承关系的《水经注》汇校本、对今本系统中臆改成分较大的校改意见进行修正且兼顾文本准确性和阅读流畅性的《水经注》新校本、以及根据专业研究需求重现旧貌（包括版式）的古本《水经注》复原。

水經卷第十七

桑欽撰

酈道元注

渭水上

渭水出隴西首陽縣渭谷亭南鳥鼠山

渭水出首陽縣首陽山渭首亭南谷山在鳥鼠山西北

此縣有高城嶺嶺上有城號渭源城渭水出焉三川合

注東北流逕首陽縣西與別源合水出南鳥鼠山渭

水出谷尚書禹貢所謂渭出鳥鼠者也地說曰鳥

鼠山同穴之枝幹也謂水出其中東北過同穴

枝間既言其過明非一水也又東北流而會于殊

源也渭水東南流逕首陽縣南古得封溲水次南

則伯陽谷水並条差翼注亂流東南出矣

得廣相溪水次東得共谷水左則天馬溪水次南

又北過襄武縣北

廣陽水出西山二源合注成一川東北流注于渭

渭水又東南逕襄武縣東北荆頭川水入焉水出

襄武西南鳥鼠山荆谷東北逕襄武縣故城北王

莽更名相桓漢護羌校尉溫序行部爲隗囂別荀

宇所拘衘鬢自刎處也其水東北流注于渭渭水

常若東南不東北也又東皋水注之水出西南雀

富谷東北逕襄武縣南東北流入于渭魏志稱咸

熙二年襄武上言大人見身長三丈餘跡長三尺

《水经注》古本复原示意

李晓杰编制

2. 史源探究

郦道元在《水经注》原序中说他撰写《水经注》采取的主要方式是"默室求深，闭舟问远"，"访渎搜渠，缉而缀之"。由此可见他对《水经》所做的"布广前文"，大都是他依据所见的各种文献资料所作的"纸上谈兵"，而非通常所认为的是他进行实地考察后的产物。而且，他行文着眼之处，主要又都是前代故事。换言之，郦氏的这部书实是一部汇集了众多典籍的历史地理巨构。然而，由于郦氏文笔的巧妙，不少征引之处颇为隐蔽而少有头绪。因此，对《水经注》征引文献做全面的溯源，即史源学的探讨，将郦氏自己的文字区别出来，不仅可以更好地了解《水经注》文本的构成，而且还能借此对汉魏六朝典籍，尤其是地理类的著述进行全新的钩稽与整理。同时，也可借此不时发现郦氏的一些误征误引之处，从而加以纠正。杨守敬、熊会贞合撰《水经注疏》对郦注的史源虽然已做了许多前期工作，但基本局限于简单的史料溯源与同源文字印证，对郦道元引用资料的主观动机与客观效果关注不足，更甚少将其纳入南北朝知识体系视野下加以考察。因此，我们研究团队

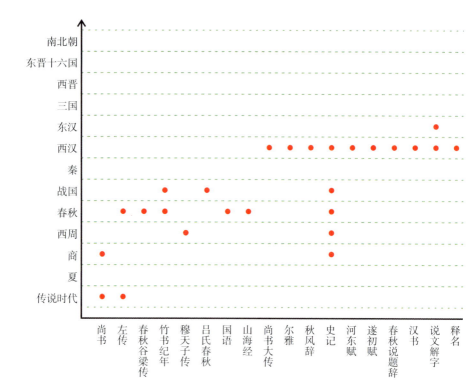

在充分利用其成果的基础之上，着眼于南北朝的知识构成，从主观取向与客观条件两个角度探究《水经注》文本的发生，进而对全书框架结构与文本书写进行解析。具体来说就是，细化笺注工作，准确清理《水经注》史源，归纳郦注征引情形，探析《水经注》的书写框架与方式，揭示郦道元纂集材料的主客观因素与时空差异，力求使这一史源钩稽的工作更趋完善与全面，达到深入认识《水经注》的文本性质的目的，进而展现中古时期知识构成与学术源流的一个侧面。我们研究团队的研究工作主要聚焦在以下两个方面：

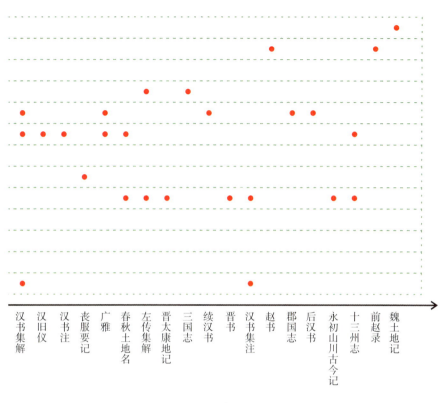

《水经·汾水注》引文内容所涉时代一览

复旦大学李晓杰《水经注》研究团队讨论定稿，吴尚绘制

首先，是史源的解构。具体又可分为以下三个方面：

（1）**引文离析**。基于古代文献因袭援引的特点，将《水经注》标注来源和不具出处的引文分别析出。不对引文作简单的史源指认，即使在文句契合度较高的情况下，仍留意可能存在的多种原因，更为准确地剥离《水经注》史源层次。

（2）**整理征引方式**。整理同段郦注中引文的出现顺序和频次，并注意其中撮取文意、辗转他途（如类书、集解）的情况，归纳郦道元措置史料的一般方式，深化有关《水经注》文本构成的理解。

（3）引书分析。对《水经注》引书的文献类型、古今侧重与空间分布进行定量研究，并就引书内容与同时代流传的典籍进行比较，呈现郦注从取舍史料到损益成文的过程，进而归纳郦注成书的文献环境、学术渊源与撰述取向。此外，整理郦注引书内容在唐宋类书、地志中的继承和隐没情况，管窥知识兴趣的时代变化，探究《水经注》在中古历史地理知识谱系中的定位。

其次，是文本书写研究。具体又可细分为以下几点：

（1）**框架解析**。郦道元深受南北朝经注传统影响而独树一帜，所作注文规模达经文三十余倍，成书后令《水经》几成附庸，以致混淆。明清以来学者对此已基本澄清。我们研究团队着眼《经》《注》关系，围绕《水经注》全书框架进行三个层面的探究。

①《水经注》对于《水经》的框架继承。如《注》在水道

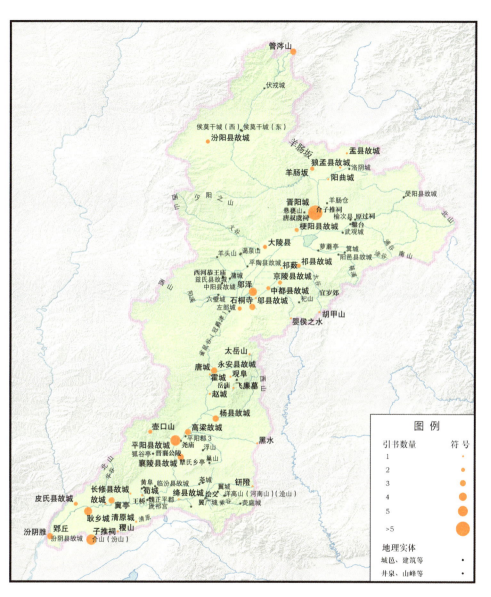

管涔山

伏戎城

侯莫干城（西） 侯莫干城（东）
汾阳县故城

羊肠坂
孟县故城
狼孟县故城
羊肠坂
阳曲城
洛阴城

少阳之山
受阳县故城

北山

晋阳城
羊肠仓
悬瓮山
介子推祠
唐叔虞祠
梗阳县故城
榆次县 原过祠
罄台
武观城

大陵县
渴泉山
萝藨亭
箕城
阳邑县故城

羊头山
平陶县故城
祁薮
祁县故城
南山

西河恭王庙
盩城
京陵县故城
邬泽
兹氏县故城
中阳县故城
邬县故城
中都县故城
宜岁郊
祀山

六壁城
石桐寺
胡甲山
左部城
婴侯之水

太岳山

唐城
永安县故城
观阜
霍城
岳庙 飞廉墓
赵城

杨县故城

壶口山
高梁故城
平阳郡 3
平阳县故城
平阳城
黑水
狐谷亭 晋襄公陵
尧庙
浮山
襄陵县故城
贾氏乡亭
巢山

黄阜 临汾县故城
茅城
钘隥
长修县故城
荀城
绛县故城
浍交
襄高山（河南山）（浍山）
皮氏县故城
故城
王桥 魏正平郡
翼城
冀亭
汾阴脽
耿乡城 清原城
庞祁宫
翼广城 紫谷
荥庭城
子推祠
稷山
汾阴县故城
郊丘
介山（汾山）
清原

图　例

引书数量　　　符号
1
2
3
4
5
>5

地理实体
城邑、建筑等　·
井泉、山峰等　·

《水经·汾水注》地域引书分布示意

复旦大学李晓杰《水经注》研究团队讨论定稿，吴尚绘制叙述顺序方面对于《经》的延续，总体而言先北后南，北方重在河、淮，兼及河以北诸水，南方重在江、沔，兼及江以南诸水。整理《经》《注》相续之处，剖析郦道元"辄述水经"的理念。

②《水经注》对于《水经》的结构拓展。如《注》将《经》记录单条水道的"条目"扩展为"篇目"等。归纳此类增补情况，探讨郦注与"《水经》传统"的互动，揭示《水经注》拓展框架的外在逻辑。

③《水经注》对于《水经》的系统性内容扩充。如增益大量干流细节、支流信息，又如以水道为纲增记各类区域地理要素等。细绎此类"即地存古"的内容与次序，剖析郦注"布广前文"的内在框架逻辑。

（2）**整理分析内容偏好**。《水经注》偏好收录碑刻、祠庙、冢墓、神异等内容，实则缘于郦道元对古人、史事、传说、信仰的关注，一定程度上反映其个人的知识兴趣。我们研究团队对《水经注》文本偏好做了定量整理与分析，深入探究郦道元注《水经》"庶备忘误之私，求其寻省之易"的具体意涵。

（3）**探究写作方式**。《水经注》叙事格套相对固定，又因所叙事物属性、时空地域不同，其展现手法各具特点。例如对水道和城邑的描述力求准确，对峡谷则用写景散文式的笔法予以摹画，对于特殊地理形势则创造专词表达（"乱流""实中"等）；又如北方诸水注文多详尽合实，南方部分则求其大略，虚实结合，勾勒文学意象构筑的景观。我们研究团队整理了此类案例，进而探究《水经注》写作方式与所载地理景观之间的内在关联。

要之，我们研究团队在史源探究方面的目标是系统清理《水经注》史源，彻底区分郦道元自撰与征引之文，揭示《水经注》文本的框架结构与写作方式，钩沉其背后的主客观要素，展现中古时期知识构成与学术源流的一个剖面。

3. 地理考释

《水经注》是一部以水道为纲记载区域地理信息的典籍，清人王先谦将《水经注》的叙述结构概括为"因水以证地，而即地以存古"——以水道及其流经政区为骨架，填充郦氏自己所感兴趣的相关历史、地理资料，内容既包括河流、湖泊、泉源、山岳、峡谷、溪涧、洞穴等自然地理景观，也涉及城邑、聚落、祠庙、道路、人物、事件等人文地理要素。所以欲读懂《水经注》，必先进行水道、政区及相关地点的考释。古今河道变化、政区更替频仍，如何将郦《注》提及的地理内容与今地一一比定，揭示古今水环境的变迁，也是颇费气力的事情，需要借助传统与现代的各种有效手段，才有可能在一定程度上加以复原。我们研究团队的《水经注》地理考释工作主要从以下几个方面展开：

首先，是水道复原与水环境变迁考察。

《水经注》因水以证地，水道是全书行文的骨干。我们研究团队在准确认识《水经注》中水道资料的前提下，按流域对其中所载水道进行系统复原，进而考察水环境的变迁。具体的研究工作主要包括以下的内容：

（1）水道及相关水体的复原

① 水道复原

《水经注》所载水道众多（有1 200余条），名称各异。

① 对于古今变化不大的水道，进行逐一比定。结合不同流域内的地理特征，辅以其他相关资料，将古水道在今大比例尺地形图上进行比定复原。② 对于古今水道源头判断有异者，细究原因。因标准不同而产生的差异，仍按《水经注》的源头加以复原；对于认知错误，则予以纠正，还原《水经注》所载真实的水道状况。③ 对于中下游流路变化较大的水道，进行流路确定。《水经注》记载的许多河流，其中下游流路变化颇大，可结合《水经注》及其他文献，利用现代技术手段，理清古今水道的变迁状况，系统还原《水经注》所载的水道流路。

② 湖泊泽薮的地理复原

《水经注》中记载了 500 多处湖泊类水体的方位、面积和其在流域内与水道的关系，这些湖泊在地理分布上呈现不均衡的态势。此外，自然环境的变迁使得如巨野泽、大陆泽等不少湖泊现已湮塞不存，通过研究，可以对这些湖泊泽薮进行地理复原。

（2）水环境变迁考察

① 不同流域内的地貌重构。《水经注》以水道为骨干，记

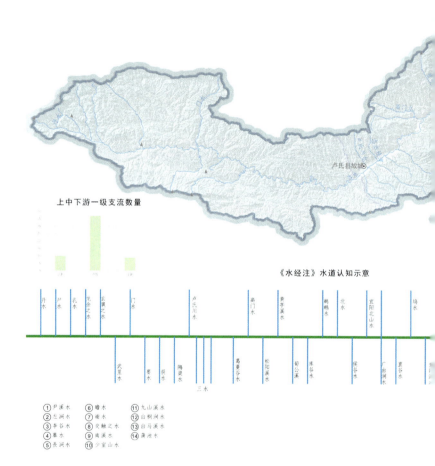

上中下游一级支流数量

《水经注》水道认知示意

丹水　户水　孔水　龙余之水　去原之水　门水　卢氏川水　高门水　葛亭溪水　鹈鹕水　并水　宽阳北山水　坞水

武里水　菱水　获水　陶渠水　三水　葛蒉谷水　松阳溪水　荀公溪　库谷水　侯谷水　广卿洞水　直谷水

① 尸溪水　⑥ 噜水　⑪ 九山溪水
② 左涧水　⑦ 曲水　⑫ 白桐涧水
③ 李谷水　⑧ 交触之水　⑬ 白马溪水
④ 華水　⑨ 南溪水　⑭ 蒲煌水
⑤ 长涧水　⑩ 少室山水

卢氏县故城

《水经注》洛水流域河湖泽薮地理示意图

复旦大学李晓杰《水经注》研究团队讨论定稿，龚应俊绘制

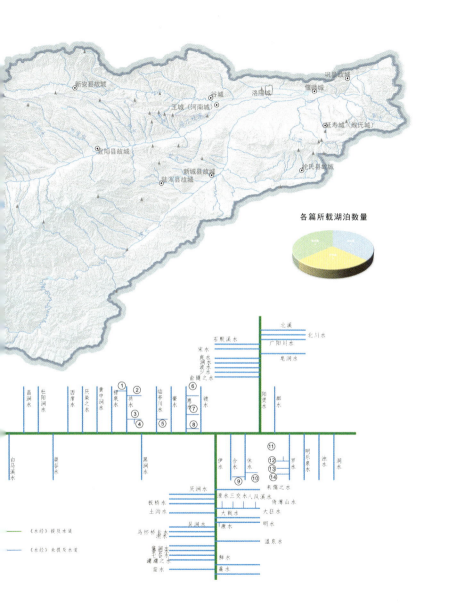

各篇所载湖泊数量

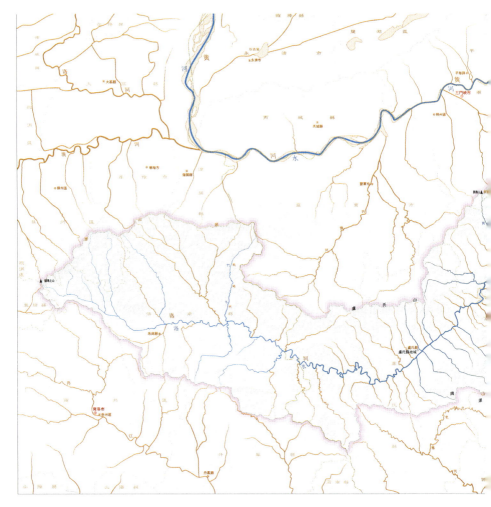

《水经注》洛水流域全图

引自李晓杰主编《水经注校笺图释·洛水流域诸篇》

载了许多山脉、沟壑、峡谷，还记录了今可归为喀斯特、雅丹、丹霞等特殊地貌的信息。我们可以通过搜集分类，结合自然地理状况，对这些地理信息的名称加以比定，重构地貌。此工作在一定程度上还可反向印证水道复原的准确程度。

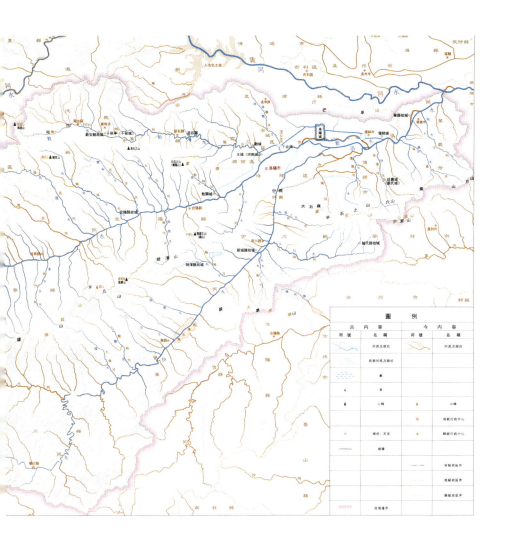

　　② 水道干支流系统的整体揭示。通过《水经注》的相关
记载，结合一定的研究手段，可以将不同流域内的干支流水系
加以清晰地再现，揭示古今水系的变化。我们研究团队已完成
的相关研究印证了探究这一问题的切实可行。（参见书后折页附
图"《水经注》渭水流域水道干支流概念图"）

③ 梳理水道变迁与陂塘的空间分布演变。我们研究团队目前正在从事的《水经注》淮水流域诸篇的研究，最能在这一问题上有所突破。由于700余年的黄河夺淮，淮水下游的河湖陂塘演变极为复杂，在对这一区域陂塘分布做整体梳理的基础上，可探讨古今水域对人类生存环境的影响。

④ 水道变迁与江心洲的地貌发育研究。这一问题在长江中游地区的显现最为典型。通过研究《水经注》中关于长江中游江心洲的地貌发育，可展现荆江地区水环境的古今变化。

⑤ 人工渠道与水利工程的发展研究。《水经注》对北魏及其之前的许多水利工程（书中以陂、堤、塘、堰、堨、渠、水门、石逗等名称出现，所起的作用主要涉及农田灌溉、防洪、航运等方面）极为重视，记载颇多（有200余处），不仅显现了其时人们对自然的改造利用，也反映了对水环境认知的变化。其中有些重要的水利工程亦不乏细节描述，为复原这些工程的形制提供了可能。

其次，是政区复原与不同流域人文景观的差异探究。

《水经注》保存了极其丰富的政区地理信息。我们研究团

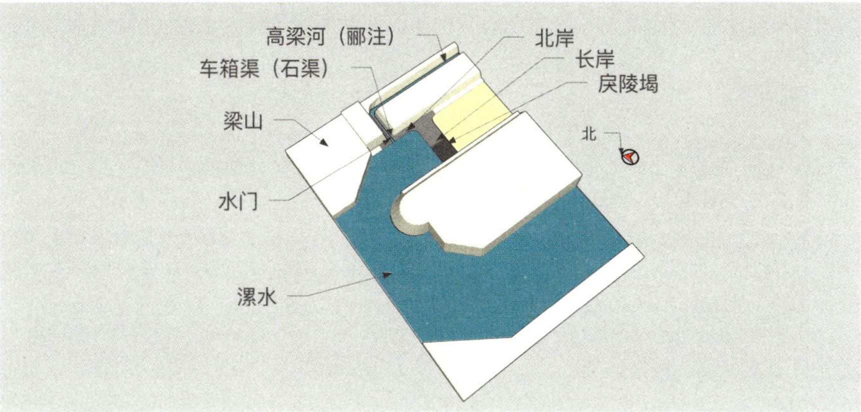

《水经·鲍丘水注》戾陵堨 3D 复原示意

李晓杰绘制

队在准确认识《水经注》中政区资料时代的前提下，按流域系统复原《水经注》所载政区的面貌（目前已完成的有汾、涑、渭、洛水流域诸篇），对其中的政区信息较前认识更为深入。此外，《水经注》还记载了大量的人文景观信息，反映了郦道元“即地以存古”的旨趣。具体的研究工作主要涉及以下几个方面：

（1）政区复原

① 城邑地望的古今比定。《水经注》所载城邑超过 2 800 座，且将不同时期的同名城邑混在一起表述，因此需要仔细比对史料，判断时代，并通过多种手段详加考证，才能准确地判定这些城邑的地望。这一工作完成后还可在一定程度上为日后

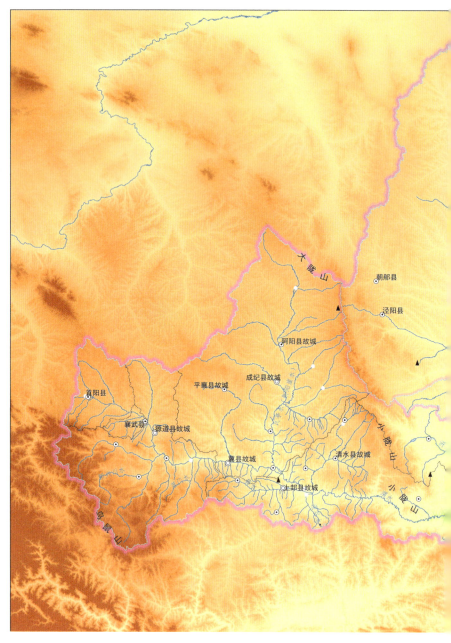

《水经注》渭水流域城邑分布示意图

复旦大学李晓杰《水经注》研究团队讨论定稿，龚应俊绘制

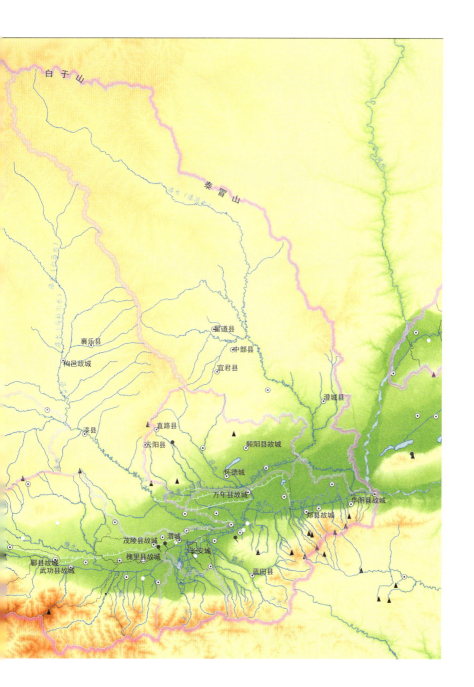

白于山

泰冒山

漆水（漆沮水）

洛水

襄乐县

栒邑故城

翟道县

中部县

宜君县

漆县

直路县

云阳县

澄城县

频阳县故城

怀德城

万年县故城

华阴县故城

茂陵县故城

渭城

郑县故城

长安城

郿县故城
武功县故城

槐里县故城

蓝田县

修订《中国历史地图集》相关图幅地名定点的错漏、讹误提供借鉴。

② 政区边界的复原。《水经注》保留了大量县级及其以上政区的划界信息，如《汾水注》记载梗阳城位于晋阳、榆次二县分界上，《洛水注》记载洛水计素渚段为偃师、缑氏二县分界等。我们研究团队注意汇集这些资料并予以考订，有望复原北魏以前部分县级政区、统县政区的边界，从而推进断代政区地理研究的细化。

③ 政区治所变迁的考订。治所不仅是政区的中心所在，一定程度上也可反映政区的幅员。利用《水经注》的记载，进行不同时期政区治所的考订，可弥补正史地理志的不足，为复原不同层级行政中心的变动轨迹提供可能。如《汾水注》记载了杨县故城、白马城、平阳县故城都曾为北魏平阳郡治，订正了《魏书·地形志》中平阳郡治所没有迁徙的记录。

④ "故城"年代的判定。《水经注》记载了800多座"故城"，即使在其地望确定后，"故城"的含义与时代归属至今尚缺乏清晰而系统的判定。我们研究团队在系统梳理相关记载的基础上，

从建置年代、北魏时期存在与否，对"故城"进行了深入考察。

（2）人文景观差异探究

① 先秦至南北朝城邑分布的时空呈现。依据《水经注》记载的政区信息，我们研究团队认为可大致作东汉以前、东汉至曹魏、西晋至北魏三个时间断面的区分。在此基础上，可进一步探究不同流域城邑分布的空间差异并分析其影响因素。

② 汉晋都邑空间布局的复原。《水经注》记载了180余座古都邑，其中对长安、洛阳等都邑的描写尤为详实。我们研究团队借助《水经注》对所载的一些都邑进行了复原，可为城市规划、城市建筑、城市发展史等研究提供参考。

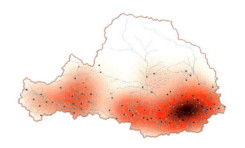

③ 祠庙寺观墓冢的地理分析。《水经注》记载了祠庙260余处、寺观40余处、陵墓260余处，我们研

《水经注》渭水流域先秦至南北朝时期
城邑分布密度图

复旦大学李晓杰《水经注》研究团队
讨论定稿，龚应俊绘制

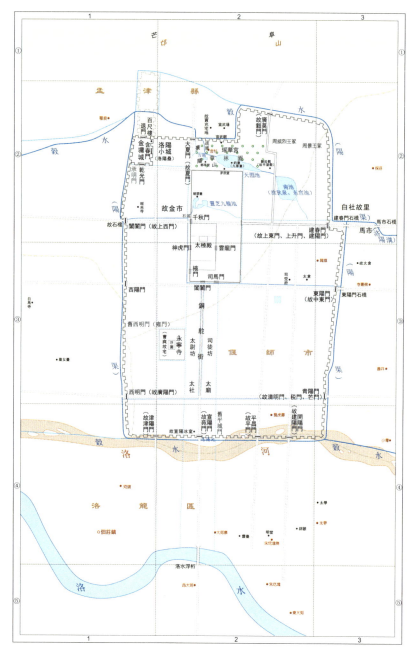

《水经注》洛阳城及其周边图

引自李晓杰主编《水经注校笺图释·洛水流域诸篇》

汉魏洛阳故城东北城角遗址

乔添余摄

洛阳龙门石窟北望伊阙

乔添余摄

究团队试图通过上述景观在不同流域的分布情况，分析民间信仰、宗教活动、生死观念的地理差异，借此揭示中古时期日常生活史的一个侧面。

④ 交通与军事地理的空间格局分析。《水经注》记载了道路 120 余处、津渡 90 余处、桥梁 90 余座、关塞 140 余处，戍、坞、堡约 120 处。我们研究团队尝试对这些景观在不同流域、不同时期的分布差异进行分析，以期有助于了解中古时期交通地理状况与军事地理格局。

⑤ 人物与事件的地域分布差异的探究。郦道元在记述地理景观的同时，亦将人物踪迹、历史事件以及神异故事等一同附上。我们研究团队在对这些人物与事件的地域分布差异进行探究的基础上，进而分析郦道元的侧重点，试图从一个侧面观察北魏士人的知识构成与观念。

要之，我们研究团队在地理考释方面的目标是：一方面实现对《水经注》水道的系统复原，再现不同流域的水文地理样貌，选取有代表性的相关流域，对水环境的变迁进行考察，并做出合理解释；一方面系统复原《水经注》所载城邑地望，最

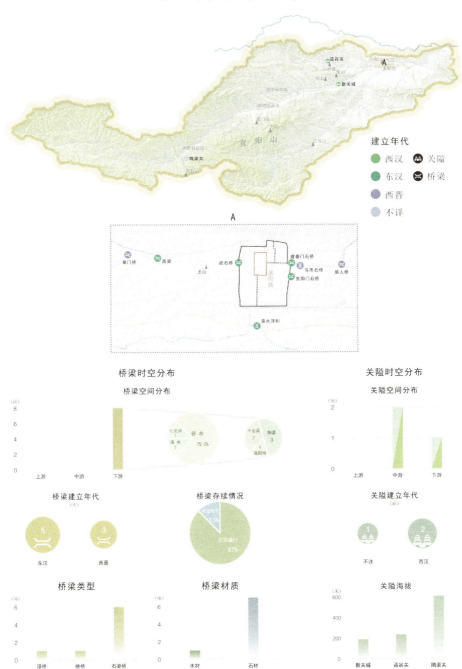

《水经注》洛水流域桥梁津隘地理示意图

复旦大学李晓杰《水经注》研究团队讨论定稿，吴尚绘制

建立年代

- 西汉
- 东汉
- 西晋
- 不详
- 关隘
- 桥梁

桥梁时空分布

桥梁空间分布

(所)

七里涧 1　谷水
洛水 1　75.0%
千金渠 2　阳渠 3
洛阳沟 1

桥梁建立年代

(座)

5 东汉　3 西晋

桥梁存续情况

正常通行 87%

桥梁类型

(座)

浮桥　拱桥　石梁桥

桥梁材质

(座)

木材　石材

关隘时空分布

关隘空间分布

(处)

上游　中游　下游

关隘建立年代

(座)

1 不详　2 西汉

关隘海拔

(米)

散关城　函谷关　隃渌关

大限度地还原其中所载县级政区辖境、界址的面貌，揭示人文
景观的空间差异。

4. 地图新绘

对于《水经注》这样一部以水道、政区等地理信息为主要
记述对象的文献而言，地图在研究中的作用是不言而喻的。一
方面，地图将抽象的文字描述转换为直观的可视化呈现，极大
地方便了读者对《水经注》文本的阅读和理解；另一方面，通
过地图可以将文字中蕴含的空间逻辑关系进行全面的揭示，从
而推动相关地理问题的研究。因此，编绘《水经注图》长期以
来都是《水经注》研究的重要目标。

清末治郦名家杨守敬、熊会贞《水经注图》虽然是迄今
为止最为系统全面反映《水经注》文本的地图，然而毕竟是传
统郦学时代的产物，其中自然也会存在着无法避免的问题。比
如采用的底图在今天看来已难称精确，绘图在有些地方亦停留
在简单示意层面，且多有误绘，已无法满足现代学术发展的需

要。在此仅举一个《水经注图》的误绘实例予以进一步说明。
《水经·沔水注》载：

> 栅水又东南，积而为窦湖（李按，"窦湖"上疑脱"湖"字），
> 中有洲。湖东有韩纵山，山上有城。山北，湖水东出，为后塘
> 北湖，湖南即塘也。塘上有颍川侨郡故城也。湖窦湖水东出，
> 谓之湖窦口。湖水东出，径刺史山北，历韩纵山南，径流二山
> 之间，出王武子城北，城在刺史山上。湖水又东径右塘，穴北
> 为中塘，塘在四水中，水出格虎山北，山上有虎，山（李按，
> "山"下疑脱"下"字）有郭僧坎城，水北有赵祖悦城，并故东
> 关城也。昔诸葛恪帅师作东兴堤，以遏巢湖，傍山筑城，使将
> 军全端、留略等，各以千人守之。

其中提及的"栅水"就是今天安徽境内的裕溪河，从巢湖
流出，东南汇入长江。传统上将郦《注》这里记载的"后
塘""右塘""中塘"统统理解为陂塘形态的水体，《水经注图》
应该就是照这一理解而绘制的。但从其图中也可以看出，如果
是这样来图释，就很难理清这些"塘"与所提及的地物之间的
相互位置关系，《水经注图》中勉为其难的画法处理也变相说

明了这一点。其实仔细研究后，可以判断"右塘""中塘"与前面的"后塘"性质不同，并非是一般陂塘，而应该是堤坝，属于后文"东兴堤"的组成部分。如此理解，才能将郦《注》此段表述的景观内容在地图上准确绘出。仅此一例，即可揭示在深研《水经注》文本的基础上，重新绘制《水经注图》是多么的重要与必要。

自 2011 年起，我们研究团队在前文所提及的《水经注》文本汇校、史源探究及地理考释的研究基础之上，根据今天的大比例尺地形图，采取古今内容对照（"古墨今朱"）的形式，运用现代制图软件，将《水经注》所载的地理情况直观形象、科学精准地展现出来。已完成的工作包括黄河的支流汾水、涑水、渭水及洛

杨守敬、熊会贞《水经注图》（局部）

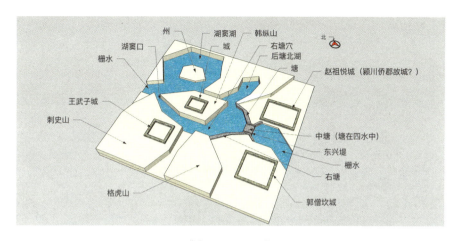

《水经·沔水注》所载东兴堤及其周边 3D 复原示意

李晓杰绘制

水诸流域的《水经注图》部分（以下简称“《释图》”），收入《水经注校笺图释》系列 3 种 5 册之中。

2022 年冬，我们研究团队又开始着手编绘《水经注图集·汾涑渭洛卷》（以下简称“《图集》”）的工作，这是在之前完成的《释图》基础上所做的全新思考，是“新绘《水经注图》”在方法论层面上的又一次尝试与探索。具体来说，主要体现在以下六个方面。

（1）《图集》在地图的种类构成上更趋丰富。与《释图》只用一种形式的地图来反映《水经注》的文本内容不同，《图集》以《水经注》篇目为单元划分图组，根据篇幅，或以单篇为一图组，或将流域内诸篇合为一图组。每个图组由序图、主

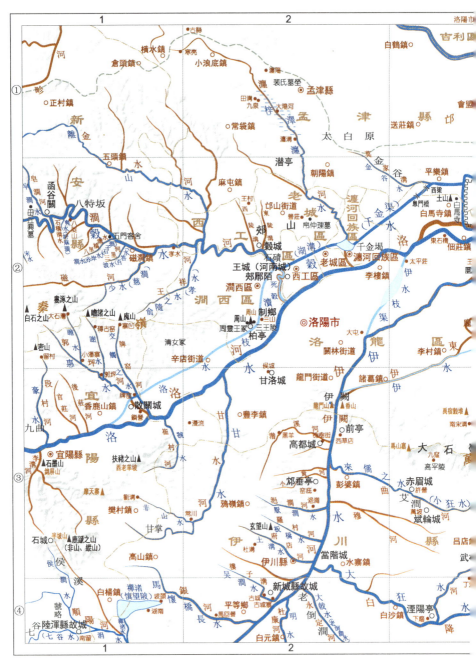

《水经注》洛水流域图（局部）

引自李晓杰主编《水经注校笺图释·洛水流域诸篇》

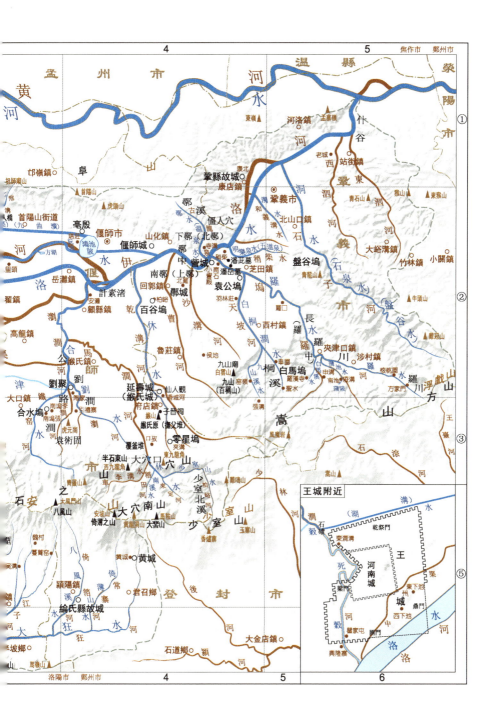

体图、专题图三部分组成。其中，主体图是核心部分，又分为全图和分图，分别是对所涉篇目的地理信息进行整体或分区域的数字化呈现；序图是作为主体图的背景数据，由现代卫星图与相关《水经》图组成；专题图则是对主体图内容及相关信息的分类地域可视化考察。

（2）《图集》在主体图分图的划分上与郦《注》表述更为契合。《图集》编绘的目的之一，就是想在一定程度上替代《水经注》原文，使图、文二者拥有对等的地位。换言之，在一般情况下，只看《图集》而不读郦《注》也能明了郦氏的行文方式与记载的内容，而且郦《注》所营造的空间感也能得以被形象化感知。《水经注》四十卷，每卷以各水篇为单位，或一条水篇为一卷，或数条水篇合为一卷。每条水篇在叙述一条水道的主干时也是从上游到下游有序展开的。为了与郦《注》这一表述特点相契合，《图集》在主体图的各水篇分幅上是按篇中的文本结构分段划分的。反观杨守敬、熊会贞《水经注图》从总图上进行切割划分，《释图》在某一流域范围内以地域为导向进行划分的分图方式，均只考虑了如何将整幅大图简单分成小图，而在郦氏文本表述的前后地理空间顺序方面，则几乎无法体现。

（3）《图集》在主体图的底图选择与表现形式上加大了信息量。与《释图》以现代大比例尺测绘地形（山体阴影）为底图不同，《图集》主体图改以 DEM 高程分层设色为底图，利用 GIS 软件进行编绘，仍然采用古今对照（"古墨今朱"）的方式，加大图面的信息量，从而更加全面地展示各流域古今地理要素的总体分布状况和相对位置关系。

（4）《图集》在专题图的类别确定上凸显了郦道元"即地存古"的旨趣。各图组以流域为单元的专题图部分，是《图集》有别于《释图》的最大亮点，由地理图、数据图表、图说三部分组成。其中地理图是专题图的主图，择取河湖泽薮、水利工程、山原溪谷、城邑、都邑、宫观苑囿、祠庙寺院、冢墓、坞垒戍堡、石刻题记、桥梁津隘、动植物矿产、人物、事件、典籍等 15 类代表性专题内容，多维度数字化呈现各类地理要素在不同流域的数量和空间分布差异，并注意揭示郦《注》所载政区资料的时代分层。而数据图表与图说，则是对地理图的进一步细化与补充，尤其是在对一些数据进行处理时，还适当引入了相关的传世文献做比照，从而最终将郦道元

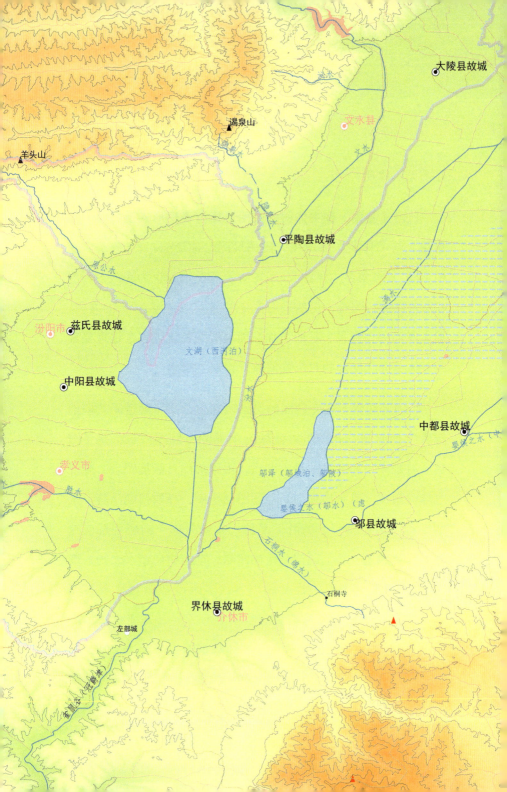

大陵县故城

文水县

渴泉山

羊头山

文水

平陶县故城

原公水

汾阳市

兹氏县故城

文湖（西河泊）

黄水

中阳县故城

中都县故城

孝义市

胜水

邬泽（邬城泊、邬陂）

婴侯之水

婴侯之水（邬水）（虞）

邬县故城

石桐水（弗水）

石桐寺

界休县故城

介休市

左部城

冠爵津

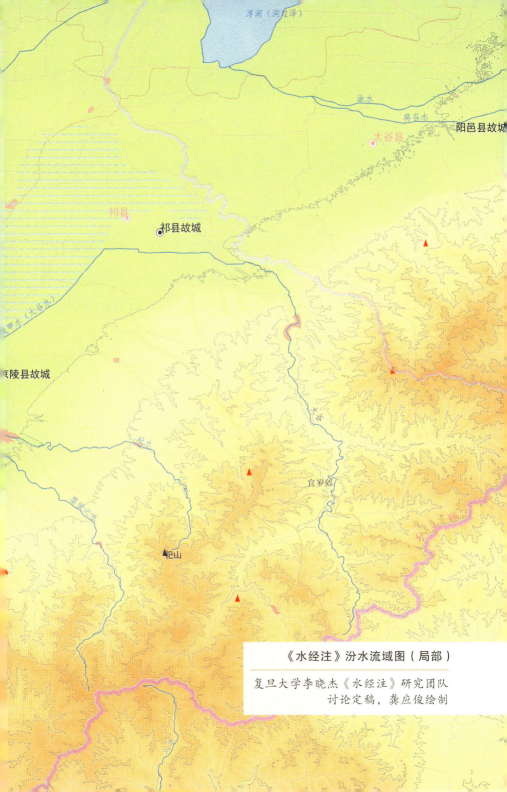

淳湖（洞过泽）

涂水

蒋谷水

阳邑县故城

大谷县

祁县

祁县故城

申甲水（大谷水）

□陵县故城

邬水

隐泉水

宜岁郊

□山

《水经注》汾水流域图（局部）

复旦大学李晓杰《水经注》研究团队
讨论定稿，龚应俊绘制

"因水以证地，而即地以存古"的写作方式形象而立体地予以揭示。

（5）《图集》在水利工程等的景观复原重构上强调多维度的可视化展现。在《图集》各图组的专题图部分，我们还试图以 3D 建模等方式复原《水经注》中所记载的一些水利工程与人文景观。下面举一个洛水流域诸篇图组专题图部分《水利工程地理图》中复原千金堨的例子。千金堨是《穀水篇》记载的位于汉魏洛阳城西部的一项重要水利工程，关系到洛阳城的供水充足与否。细究郦《注》可知，千金堨建于穀水与瀍水的交汇处。在交汇处的南端瀍水河道上修建了千金堨的主体工程拦水坝，坝上建有五龙渠，且在坝的东首（原瀍水河道旁）立一石人。后来为了防御瀍水上游发生的更大洪水，在五龙渠之西增置了代龙渠，又称九龙渠，用来加大泄洪力度。在交汇处的东端穀水河道上又修建了千金堨的辅助工程溢流坝，目的是为了使坝内水位达到一定高度后，通过坝体增加流速（势能变动能），向东进入千金渠。这是一项颇为复杂且难度很高的工程。东汉初修时并不成功，到曹魏时重修才达到了预想的效果，但时间一长，又出现了问题，于是西晋至北魏时复有增修。

　　郦道元虽然对千金堨的记载较为详细，涉及这一工程的兴建与扩修、建造原理及工程功效等，还抄录了千金堨石人上铭刻的有关工程说明的文字，但在目前经过校勘后的郦《注》文本中仍然存在不少难以理解或产生歧义的地方，如果想据郦《注》所叙将这一现今已无迹可寻的古代水利工程复原至接近原貌，依然不是一项可以轻松完成的任务。我们团队在精读《水经注》所载千金堨文本的基础上，结合穀水上游位于河南王城西北的石碛分水工程，以及穀水下游（千金渠）皋门桥控水工程，进行综合考虑，最终将千金堨以近似等比的 3D 复

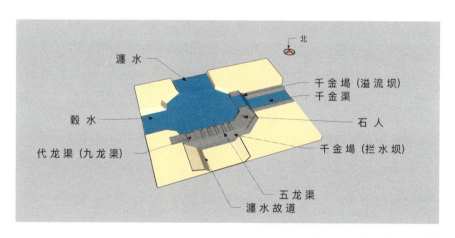

《水经·穀水注》千金堨 3D 复原

李晓杰绘制

原的形式予以呈现，可为学者进一步揭示千金堨工程细节提供参考。

（6）《图集》的绘制注重与最新考古成果相结合。《水经注》中的记载与相对应的考古发掘及研究，二者相辅相成。兹以《穀水篇》中所记载的汉魏洛阳城为例加以说明。我们根据郦《注》的记载，结合考古发掘报告，可以绘出精准的《水经注》汉魏洛阳城图（包括洛阳城内外的人工水道）。这张图绘出后，在一定程度上反过来对现今的洛阳城考古发掘工作也有一定的借鉴意义。如前几年中国社科院考古所洛阳汉魏城考古队在汉魏洛阳城宫城千秋门遗址的考古发掘中，在千秋门门址的阙间广场下层，发现了四条魏晋时期的大型地下水道遗迹。而《水经注》记载千秋门时恰好也提到了这里的地下水道，称阳渠"直千秋门"，一支分流"入石逗，伏流注灵芝九龙池"，另一支则自千秋门向南分流。对照考古发掘，我们对"石逗"的形制、功能及流向有了更为合理的理解，二者可谓相互印证、相得益彰。

当然，也存在《水经注》所载与考古发掘出现抵牾的情况。如洛阳城东北的建春门外阳渠走向与建春门外大道的位置

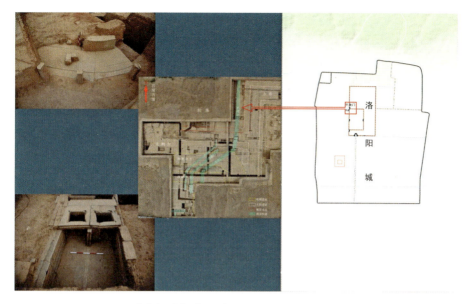

《水经注》洛阳城及其周边图（右）及千秋门考古遗址（左）

右侧的洛阳城图由复旦大学李晓杰《水经注》研究团队讨论定稿，
吴尚绘制

关系，考古发掘出的这条大道即与《水经·穀水注》文本所叙出现矛盾。依考古发掘的情况，建春门外大道应该位于东流阳渠的南侧，但是按照《水经注》，似乎这条大道位于阳渠北侧才跟前后文本所叙相符。这其中的矛盾有待进一步探究，初步推测可能是《水经注》的记载反映的是汉代的情形，而考古发掘所得是北魏时期的状况。

要之，《图集》是基于《释图》成果在《水经注》图编绘方面的全方位拓展，在地理空间上涉及了汾、涑、渭、洛水流域。随着我们研究团队对《水经注》研究的深入开展，《水经

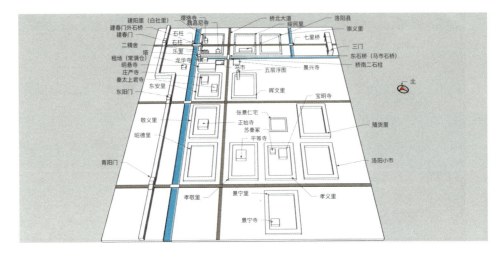

《水经·穀水注》建春门外景观 3D 复原示意

图中的寺、里等信息采自杨衒之《洛阳伽蓝记》，李晓杰绘制

注图集》其他流域诸卷会相继面世，从而力图在精确程度、呈现效果、问题意识、应用前景等诸多方面，最终超越既有的各种《水经注》图。不仅如此，我们还想通过此项研究的实践，超越为图而图的形式局限，在用地图来反映地理信息与规律的同时，跳出本专业学科的壁垒，为人文社会学科的研究提供借鉴。

结语：新时代《水经注》研究的学术价值与应用价值

　　《水经注》成书于公元六世纪，同时期的西方尚未有可以与之相比的同类伟大著述出现，显现了中国古代人民的智慧。德国著名地理学家李希霍芬称郦道元的《水经注》是"世界地理学的先导"，日本著名地理学家米仓二郎则视郦道元为"中世纪世界上最伟大的地理学家"。《水经注》现被纳入大型文化传播工程的《中华传统文化百部经典》丛书之中，也充分说明了这一点。在新时代，从事《水经注》的相关研究，不仅具有重大的学术价值，同时也具有广泛的应用价值。

1. 学术价值

　　首先，在**学术创新方面，**主要体现为以下几点：

（1）**重新校勘《水经注》文本，整理出可资利用新的《水经注》校本，同时恢复《水经注》古本面貌**。文本校勘是新时代《水经注》研究中最为基础的工作。《水经注》在长期流传过程中，形成了诸多版本，且脱漏、错讹相当严重。目前学界对《水经注》的版本流传有了一个全新的认识，即现存《水经注》版本可以分为古本与今本两大系统：古本在刊刻、抄写时保留宋本原貌；今本则涉及对底本的校改和研究。同时，在版本之间不仅存在着底本承继线，还有十分隐晦需要辨析才能厘清的相互参考线。理清古今两大版本系统，又掌握了版本间的承继线与参考线，对重新校勘《水经注》具有十分重要的学术指导意义。明清以来，研治《水经注》的学者在区分《经》《注》、辑佚补阙、校正错讹等方面已取得了突出成就。然而，由于掌握版本数量有限，以及缺乏对《水经注》古今两大版本系统的认识，他们的研究仍存在不少问题。清代诸家依据自行归纳的《注》文体例修改文本格式、校补文字，使《注》文变得通顺可读，但其中不乏臆断，去《水经注》原貌渐远。新时代的《水经注》研究在底本与通校本的选取上更具优势，也更为科学，同时结合地理判定开展《水经注》文本的汇校，可以匡补前人失漏，纠核矫枉过正之处，全面展示《水经注》两大版本系统的不同及其间文字变动更改的轨迹，整理出可资学界利用的《水经注》汇校本。同时，根据广大读者的阅读需要与专业工作者的研究需求，整理出一部《水经注》全新校本、恢复一部宋代的古本《水经注》（含版式）。

（2）考证《水经注》史源，拓展史源研究的问题意识，解析《水经注》的文本结构和知识兴趣。《水经注》中记载的大部分信息系郦道元抄撮整理各类文献而得，这些征引资料被郦氏融会贯通成一个新体系，显得比较隐蔽且无序。全面考证史源，有助于辨析书中地名考据的正误，理清《水经注》的成书过程。在此基础上还可开展若干"辨章学术，考镜源流"的研究。具体工作，可细分如下：① 深度解析《水经注》文本结构，统计《注》文征引各类文献的数量、频次，排列同段《注》文中不同文献出现的先后次序，思考郦道元以明引、暗引、辗转引用等不同方式引用这些文献的目的，探究《水经注》取舍材料的依据及郦道元的知识兴趣；② 在知识社会史的背景下，探讨政治环境、学术风气、南北文化交流、汉晋旧籍保存状况等因素对郦道元引书偏好的影响，研究南北方学术体系和学术风气的异同；③ 考察《注》文各类征引文献产生的时代背景，并梳理其在后世文献中的存佚情况，构建汉唐间地理知识传承的谱系；④ 将《水经注》放在地理学史和经注撰述史的线索中，比较《水经注》与汉唐间方志、地理总志、经史注释在内容、体例等方面的区别与联系，串联中古地理学因革损益的线索，更深入地揭示《水经注》的创新意义和历史地位。

（3）新撰《水经注疏》，在全面文本校勘和史源考证基础上，考释《水经注》中以水道、政区为纲的各类地理要素，进而探究流域水环境变迁和区域人文景观差异。清人王先谦《合校水经注》序文中将《水经注》的结构概括为"因水以证地，而即地以存古"——即以水道及其流经政区为骨架，填充相关历史、地理资料。欲读懂《水经注》，必先完成水道、政区及相关地点的考释。新时代《水经注》研究可以从以下几个方面着手：① 利用现代大比例尺测绘地图，一一比定《水经注》水道及其支流、山峰原谷，纠正郦道元记载的失误并予以今释；② 尽可能准确复原《水经注》所载各类城邑的地望、性质，考订其中的政区地理材料，补苴正史地理志受制于断限而失载的政区信息，尝试复原部分统县和县级政区的界址、幅员及治所变迁状况，并以此为基础，进一步揭示山川名称更改、水道干支流变化，阐述中古时期水环境的变迁及其影响；③确定《水经注》祠庙、冢墓、道路、津渡、桥梁等人文地理景观的空间坐标，展现它们在各流域的分布差异并提出合理解释。运用传统考证方法与现代技术手段相结合的研究方式，综合文本校勘、史源考证、地理考释三方面的工作，最终产出的成果将是具有学术前沿意义的新撰《水经注疏》。

（4）新绘《水经注图》，以地图反映研究结论，同时以地图辅助地理考释，从地图发掘研究问题。郦道元撰写《水经注》时当有大量地图可资参照，惜皆不传于世。有关《水经注》图的编绘最早可追溯到南宋程大昌的《禹贡山川地理图》。降至清代，黄仪等诸多学者都在《水经注》的图释方面做过有益的工作。其中以杨守敬、熊会贞据《大清一统舆图》为底图而绘制的《水经注图》最为著名，迄今亦最为通行。但是，杨《图》采用的底图在今天看来已难称精确，绘图思路亦停留在简单示意层面，多有误绘，且不够简洁美观，无法满足现代学术发展需要。新时代《水经注》研究，可以采用现代大比例尺测绘地图为底图，制定标准化图例，利用 GIS 软件编绘以 DEM 高程分层设色为底图、古今对照的《水经注》图集，提升地理考释精度，全面展示各流域古今地理要素的总体分布状况和相对位置关系，并以专题图形式数字化呈现各类地理要素在不同流域的数量和空间分布差异，从中归纳具有地理学意义的新问题并予以解析，同时便利读者理解释文。假以时日，新绘《水经注图》在精准程度、呈现效果、问题意识、应用前景等方面超越既有《水经注图》，应该不是奢望。

其次，在**推动相关学科建设方面**，主要表现为以下几点：

（1）**重建《水经注》记载的历史空间，将人物、史事与具体地点挂钩，为中国古代史研究提供借鉴**。《水经注》记载的内容相当丰富，涵盖政治、经济、文化、军事、宗教等多个方面，甚至记录有域外的信息，有些可与其他文献参证，有些则因征引文献佚失已久，只此一见。因此，《水经注》成为中国古代史研究的重要资料之一。然而，《水经注》"即地以存古"，各类信息皆附着于或大或小的历史地点上，郦道元根据自己的判断将人物、史事纳入地理框架时，又难免考定失当，以致史事与实际地点脱离。例如，《水经·洛水注》称宜阳县故城"汉哀帝封息夫躬为侯国"，《汉书》本传所载则为宜陵侯，当是郦道元误认形近地名致讹。准确利用《水经注》中的历史信息，必须建立在扎实地理考据的基础上。反过来，空间视角的引入，也有助于发现和解决历史问题。例如《水经·洛水注》载庞季明进达高门木城事，地理方位较《宋书》更明晰，相互印证，可以更好地分析当时的军事、政治形势。从事《水经注》的研究，可以重建《水经注》记载的历史空间，建立人物、史事与具体地点的联系，订正其中的错讹，为古代史的有关研究巩固基础，扩展思路。

（2）综合多学科问题，推进考古学、文献学、民俗学、水利史、环境史等各相关学科的观点、资料或方法创新。《水经注》内容宏富，涉及多学科问题。① 考古学方面，《水经注》是解读新见考古材料的文献基础，精准的文本地理考释更可启发未来的考古发掘。如据《水经·穀水注》记载："（阳渠）北乘高渠，枝分上下，历故石桥东入（洛阳）城"，阳渠在流经阊阖门外故石桥南后入城，之后应位于道南，向东直至千秋门。但此前考古复原示意认为阳渠在故石桥北向东入城，渠在道北，并在千秋门北进入宫城，与《水经注》所述有差异。而最近千秋门偏南一侧考古发现魏晋时期人工水道遗迹，正可验证郦道元所言非虚。接下来或可依据《水经注》的提示，在阊阖门至千秋门大街南侧进行发掘，继续探寻水道遗迹。② 文献学方面，《水经注》涉及大量地理问题，征引文献亡佚严重，今本诸本对底本或多或少有所径改，传统校勘方法难以全面校正《水经注》的文字、体例。新时代郦学研究立足《水经注》的古今版本系统，关注版本间承继、参考两条线索，参酌地理考据的校勘方法，可以为早期地理文献整理提供方法论层面的新思路。③ 民俗学方面，全面整理《水经注》中的民间传说、志怪故事，并在相应的《水经注》图中以事件专题图的形式予以呈现，可以为研究者考察中古民俗事象的空间分布、分类利用有关资料提供便利。④ 水利史方面，深入考析《水经注》水利工程的地点、时代、设计原理，采用现代 3D 建模方法复原部分重要工程，可以形象而直观地立体化展示中古水利的样貌。⑤ 环境史方面，考索《水经注》记载的中古生态环境及其演变，并主要从人类活动角度剖析演变原因，可以为中古环境史研究探径。

（3）引入 GIS、3D 建模等技术手段，以"数字人文"助力学科创新。受限于史料的稀缺，中古历史研究的问题推进相当不易，研究中的新认识有时难以得到直接的证据支撑。当代

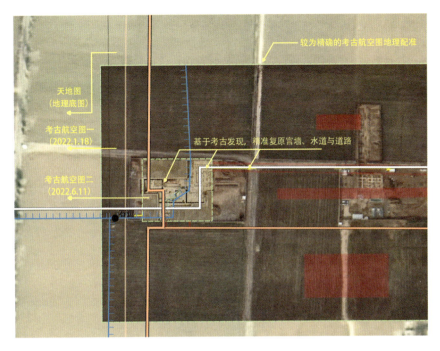

在 QGIS 界面下基于配准考古航拍图标注地理要素

汉魏洛阳故城千秋门遗址附近，吴尚编绘

可以借助 GIS、3D 建模等技术手段，改进成果展示方式，发现新问题，延展传统意义上的史料范围，为"数字人文"建设贡献力量。相较于平面地图只能呈现单一时空断面的部分地理信息的局限，地理信息系统（GIS）基于一套多层次三维时空观点，将海量空间信息存储在不同图层，能够展现多个时空断面下，多类地理要素的叠加分布状况，传达出文字或平面地图难以表达的历史信息。而且，地点在 GIS 软件中被转化为数据，空间分析工具可以通过计算，直接得出有关地理要素分布

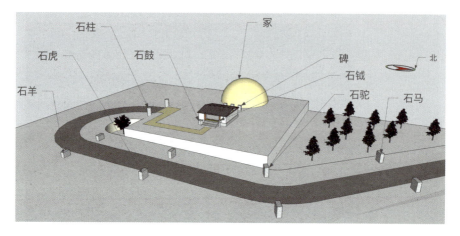

《水经·睢水注》所载桥玄墓及其周边 3D 复原示意

李晓杰绘制

重心、分布密度，以及要素间相对关系的结论。新时代《水经注》研究借助 3D 建模技术，可以还原某些难以从文本中获得直观印象的地理事物（目前我带领的复旦大学《水经注》研究团队已完成了千金堨、戾陵堰、桥玄墓的 3D 复原，并在学界取得了普遍认可），从而透彻理解某些关键性的文字记述，补充文字所未及的细节缺环，数字化再现已消失的景观，同时从中发掘中古水利、丧葬观念等方面的问题。

（4）制作、存储空间数据，为搭建便于学界利用的《水经注》释地空间数据库和电子检索系统奠定基础。《水经注》是历史地理和中古史研究的重要资料，但其中信息庞杂、地名繁多，检寻颇为不便。已有的古籍数据库在《水经注》版本取舍方面有时考量不周，文字识读间有失误，造成某些关键信息的缺失。新时代《水经注》研究在详尽的文本校勘、地理考释的基础之上，运用 GIS 软件绘制地图，可以同时实现《水经注》空间信息的电子数据化（目前我带领的复旦大学《水经注》研究团队已完成汾水、涑水、渭水、洛水流域诸篇的相关数据电子属性表工作），未来有希望搭建《水经注》释地空间数据库、地名数据库和电子检索系统，为历史学、地理学、文学、文献学、考古学、文化遗产保护等相关学科的研究者和一般公众使用提供便利。

2. 应用价值

首先，在促进文化传承方面，主要体现在以下几点：

（1）寻绎《水经注》的学术史脉络，深入理解中国传统地理学术体系。《水经注》以其独特的知识旨趣和撰述意图，开创性地采用"因水以证地，而即地以存古"的创作体例，将其时业已取得的历史、地理认识进行了汇总。《水经注》大幅扩充了《水经》文本，将中国古代撰写"水经"的传统从单纯的水道记述推向了以水道为纲，兼纳自然、人文要素的全面地理著述层面，被后世的《水道提纲》《西域水道记》等著作效法，取得"不可无一，不容有二"的美誉。可以说，《水经注》本身就是一部传统文化经典，代表着一种传统地理学话语体系，隐含本土文化浸润下的自然观、世界观。探求《水经注》地理观念的源头，考察《水经注》的后世影响及后代人模仿、研究《水经注》的缘由、目的，并以《水经注》为基点，可以在一定程度上勾勒出中国传统地理的学术体系，从而达到赓续本土文化脉络的效果。

（2）从《水经注》选择、剪裁、润色征引文献的角度，评析《水经注》的文学意义，考察《水经注》写景文字对后世地理文献和文学创作的影响，发扬传统地志写作模式，启迪当代地方史志编纂。明人张岱云："古人记山水手，太上郦道元"，清代刘献廷甚至从遣词造句的角度，称赞《水经注》为"宇宙未有之奇书"。《水经注》写景状物、吊怀古迹，立足实像，不事虚琢，文字凝练传神，被视作古代文学史上的一座高峰。全面考证《水经注》的史源，可以明晰《水经注》景物描写哪些援引自他书，哪些出于郦道元的个人创作，进而将《水经注》文字与地记、诗歌、辞赋等原始材料做对比，理解郦氏选择材料的兴趣、剪裁润色材料的手法，超越一般文学鉴赏，更好地评析《水经注》的文学意义。同时，对考量后世的辞章鉴赏选本如何理解《水经注》的文学价值，《水经注》在士人文化中居于何种位置、是否与宋代以降地理总志及方志中出现的一些门类存在联系、如何影响到后代的山水游记写作，思考中国古代地志与文学间的关系，理解古人的景观书写意识，发扬传统的地志写作模式，促进当代地方史志在推介本土风物、扩大文化影响等方面的实践创新一系列问题上都有重要的启发与借鉴意义。

（3）立足基础研究，唤醒关于《水经注》山川地名的历史记忆，助益文化遗产活化利用。人文主义地理学主张，人借助生活经验为客观的空间赋予文化意义，使之成为附着情感的"地方"（place），其中最活跃的因素是对"地方"的历史记忆。郦道元特别重视历史记忆保存，以略今详古的方式详细记录了包括洛阳、长安、平城、邺等中古都会在内的各地、各类自然与人文景观，并有意识地搜罗碑刻，识读并酌情摘录其中的文字，借助这些景观、文字，今人仍可窥见当时各类人群的生活实态和心灵世界。此外，《水经注》中生动的山水景物描写，至明清方志中犹见征引。但这些地点今天多已湮灭无考，相关历史、景物也淡出了历史记忆，失去了与今人的情感联系，殊为遗憾。新时代《水经注》研究中可以通过明确阐释郦道元的"存古"意识及其现实价值，并在全面地理考释的基础上，重新建立《水经注》与现实地理空间的联系，唤起公众的"地方"情感，从而有助于有关地方决策部门开发旅游资源，开展文化宣传，使《水经注》成为潜在的文化产业增长点，实现研究成果的创造性转化。

其次，在服务国家方面，主要体现为以下几点：

（1）选取《水经注》各流域生态变迁典型问题，构建现代地理环境的历史基底，解析《水经注》的生态观点，服务国家生态文明建设的整体布局。著名历史地理学家侯仁之先生曾指出，历史地理研究应致力于"把不同时代的已经复原了的地理按照历史发展的顺序，联系起来进行研究，寻找其发展演变的规律，阐明今天地理的形成和特点"（氏著《历史地理学刍议》）。

现代的地理环境由历史时期演变而来，改造和利用自然必须重视历史基底，尊重科学规律。例如《水经·泗水注》记载，先秦时期的泗水在今江苏徐州东南吕梁洪一带"悬涛濑济，寔为泗险"，"悬水三十仞，流沫九十里"，西汉还有"白颈乌与黑乌群斗于县，白颈乌不胜，堕泗水中，死者数千"，而到南北朝，泗水已不复澎湃。究其原因，恐怕与郦道元记载的拥水通漕等工程不无关系。延及明清，此处河段原始水文状况因黄河改道、运河淤积、洪泽湖形成等原因完全被扰乱，成为著名险工地段，更显示出各流域共同组成完整生态系统，人类活动必须考虑跨流域综合影响。从《水经注》等中古文献中或许也可发现造成历史推进到如此局面的隐约线索和痕迹。综上所述，对比复原的《水经注》地理面貌与今地貌，在我国各个自然分区的不同流域选取若干典型的生态变迁问题，重点从人类改造自然的角度，梳理当地生态环境的演变过程，发掘变迁背后的人地关系，可以为今天的生态文明建设总结经验与教训。

（2）整理分析《水经注》水利资料，为当代水利规划建设提供历史借鉴。中国是一个典型的季风性气候国家，降水年际变化幅度大，季节差异显著，旱涝灾害频发。近些年来，全球气候变化趋势加剧，极端水文灾害频频发生，水资源分配利用矛盾凸显，人与水的关系发生了更多深刻变化，水利建设日益成为关乎国家发展大局的重要课题。《水经注》中记载了战国至北魏间的陂塘、堤堨、灌渠、运河、城市排水设施等多种水利工程，详细描述了其中部分工程的建设决策、规模体量、兴废沿革等信息，并从工程质量、经济效益等角度进行评价。例如《水经·穀水注》记载，曹魏始建千金堨，没有充分考虑到极端水文事件的潜在危害，致使坝体于西晋初遭暴雨冲荡，失去蓄洪功能。有鉴于此，西晋朝廷重修此坝时，采取了新开泄洪渠和增高旧堨两项措施，并留下石刻提示后人还可在更西处新开渠道，其思路为北魏重修者所继承。此类案例的研究涉及古代水利思想与技术、水利兴修的社会运作机制等多方面问题，可为当代合理实施水资源综合调配，科学制定水利规划，评估水利工程社会影响等诸多方面提供历史借鉴。

（3）探索《水经注》城址的存续、废弃状况，为现代城市选址规划提供启示。《水经注》记载的各类城邑位于各个流域的各类地貌单元，建置年代不同，存续时间不一，许多在《水经注》的记载中已成为"故城"，不易直接看出城邑的规模、形制、功能、选址区位条件等基本特性。为明确这些城邑的空间分布规律，新时代的《水经注》研究可以结合其他文献，佐以实地考察，层层递进地开展如下几方面的工作：① 考定城邑地理位置，判定其存续年代，厘清《水经注》中"故城"概念的含义；② 分类整理《水经注》城邑信息，构建中古城邑等级体系和功能类型的总体框架；③ 宏观比较南北方之间、不同流域之间、流域上中下游之间城邑营建及存续情况，描绘并解释不同城市的发展脉络；④ 采用文献判读和 GIS 空间分析综合的方法，量化考察城址与其他地理要素，譬如河流、山原、道路之间的距离、高程关系，发现特定类型、不同时代城邑选址的共通性或差异性，分析某些城址遭到废弃的原因，求索中古时期人类改造自然的水平。在阐明历史状况的基础上，为合理开展现代城市集群建设、新城选址规划、旧城更新改造提供启示。

（4）钩稽《水经注》政区资料，探寻有关政区沿革置废、地名变更、治所迁移、界址划分的信息，思考行政区划调整的政治与社会机制，为当代行政区划具体工作提供参考。《水经注》涵盖了治所城邑（点）、政区边界（线）、管辖范围（面）三个空间维度的信息，且不同于仅反映特定年代断限下政区面貌的正史地理志，叙述了全国范围内诸多政区自初设直至南北朝的沿革变迁，在中古地理文献中具有独特的价值。在这部书中还保存了一些能够说明政区演进历史背景的文献、传说。例如《水经·㶟水注》"（北平）县界有汉熹平四年幽、冀二州以戊子诏书遣冀州从事王球、幽州从事张昭，郡县分境，立石标界"；《水经·澧水注》"古老传言，昔充县尉与零阳尉共论封境，因相伤害，化而为石，东标零阳，西揭充县"，隐然揭示出解决政区界址纠纷存在自上而下、自下而上的两种机制。钩稽《水经注》政区资料，挖掘其中历史信息，有助于获得对历史时期行政区划调整政治、社会背景的新认识，为当代研究拟定行政区划总体规划思路，提升行政区划设置的科学性、规范性、有效性做出有益贡献。

总之，《水经注》体大思精，内容宏丰，有"中古时期百科全书"的美誉，历史上曾吸引众多学者为之投入大量精力进行探究。在新时代从事《水经注》研究无疑是一项巨大的学术工程，极具挑战同时又充满魅力，随着时间的推移，一定会涌现出更多的具有鲜明时代特色的郦学新成果，请读者诸君拭目以待。

参考文献

（各类书目以成书先后为序）

一、《水经注》版本

1. 《水经》存十二卷，汉桑钦撰，北魏郦道元注，南宋刊本，中国国家图书馆藏。

2. 《水经》十五卷，汉桑钦撰，北魏郦道元注，明《永乐大典》本，中国国家图书馆藏。

3. 《水经》四十卷，汉桑钦撰，北魏郦道元注，明钞本，海盐朱希祖旧藏，中国国家图书馆藏。

4. 《水经》四十卷，汉桑钦撰，北魏郦道元注，明嘉靖黄省曾刊本，中国国家图书馆藏。

5. 《水经》四十卷，汉桑钦撰，北魏郦道元注，明万历吴琯刊本，中国国家图书馆藏。

6. 《水经注笺》四十卷，汉桑钦撰，北魏郦道元注，明朱谋㙔笺，明万历李长庚刊本，中国国家图书馆藏。

7.《水经注》四十卷，汉桑钦撰，北魏郦道元注，明崇祯严忍公刊本，日本内阁文库藏。

8.《水经注》二十卷，汉桑钦撰，北魏郦道元注，明崇祯陈仁锡刊本，日本国立国会图书馆藏。

9.《水经注》四十卷，汉桑钦撰，北魏郦道元注，清康熙项絪刊本，复旦大学图书馆藏。

10.《水经注》四十卷，汉桑钦撰，北魏郦道元注，清乾隆黄晟刊本，中国国家图书馆藏。

11.《水经注集释订讹》四十卷，清沈炳巽撰，清乾隆文渊阁《四库全书》本，台北故宫博物院藏。

12.《五校水经注》四十卷，清全祖望校，稿本，天津图书馆藏。

13.《七校水经注》四十卷，清全祖望校，钞本，天津图书馆藏。

14.《水经注释》四十卷，清赵一清撰，清乾隆文渊阁《四库全书》本，台北故宫博物院藏。

15.《水经注》四十卷，汉桑钦撰，北魏郦道元注，清戴震校，清乾隆武英殿聚珍本，美国哈佛燕京图书馆藏。

16.《水经注释地》四十卷，清张匡学释，清嘉庆刊本，日本内阁文库藏。

17.《水经注疏证》四十卷，清沈钦韩撰，稿本，南京图书馆藏。

18.《水经注释文》四十卷，清汪士铎释，稿本，复旦大学图书馆藏。

19.《水经注疏》，清杨守敬纂疏、熊会贞参疏，稿本，台北"国家图书馆"藏；《杨熊合撰水经注疏》，影印本，台湾中华书局，1971年。

二、《水经注》图及图说

1.《水经注图说残稿》，清董祐诚撰，清道光刊本，中国国家图书馆藏。

2.《水经注图》，清汪士铎绘，清咸丰刊本，中国国家图书馆藏。

3.《水经注图》，清杨守敬、熊会贞绘，清光绪刊本，中国国家图书馆藏。

三、《水经注》选本

1.《水经钞》六卷，明钟惺选评，明万历刊本，复旦大学图书馆藏。

2.《水经注删》八卷，明朱之臣辑，明万历刊本，中国国家图书馆藏。

3. 陈桥驿、王东：《水经注》（选本），中华书局，2009 年。

4. 黄忏华：《水经注捃华》，广陵书社，2013 年。

5. 李晓杰：《水经注》（选本），科学出版社，2022 年。

四、《水经注》全译本

1. 陈桥驿、叶光庭、叶扬：《水经注全译》（上、下册，修订版），贵州人民出版社，2008 年。

2. 陈桥驿、叶光庭、叶扬译，陈桥驿、王东注：《水经注》（中华经典名著全本全注全译丛书之一），中华书局，2020 年。

五、《水经注》研究著述

1. 陈桥驿：《〈水经注〉研究》，天津古籍出版社，1985 年。

2. 陈桥驿：《水经注研究二集》，山西人民出版社，1987 年。

3. 陈桥驿：《郦学新论——水经注研究之三》，山西人民出版社，1992 年。

4. 陈桥驿：《水经注研究四集》，杭州出版社，2003 年。

5. 李晓杰主编，李晓杰、黄学超、杨长玉、屈卡乐、杨萧杨、王宇海、韩虎泰校释：《水经注校笺图释·渭水流域诸篇》（上、下册），复旦大学出版社，2017年。

6. 李晓杰主编，李晓杰、黄学超、杨萧杨、杨智宇、龚应俊、闫伟光校释：《水经注校笺图释·汾水涑水流域诸篇》，科学出版社，2020年。

7. 李晓杰主编，李晓杰、黄学超、杨萧杨、赵海龙、袁方、杨智宇、周文乔校释：《水经注校笺图释·洛水流域诸篇》（上、下册），科学出版社，2021年。

8. 李晓杰、杨长玉、王宇海、屈卡乐：《古本与今本：现存〈水经注〉版本汇考》，复旦大学出版社，2021年。

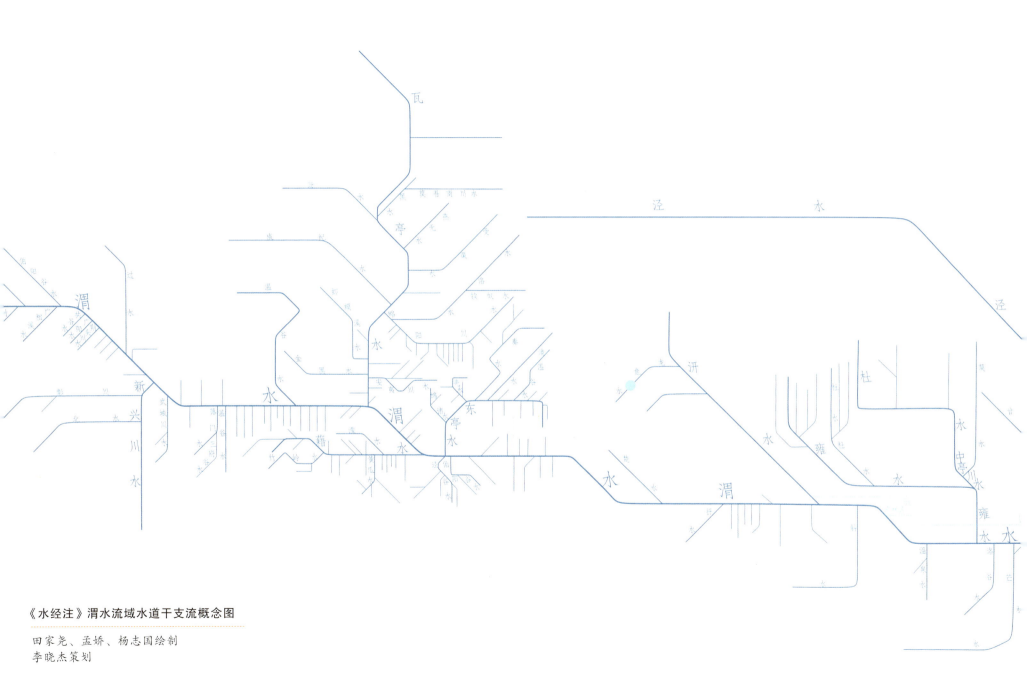

《水经注》渭水流域水道干支流概念图

田家尧、孟娇、杨志国绘制
李晓杰策划

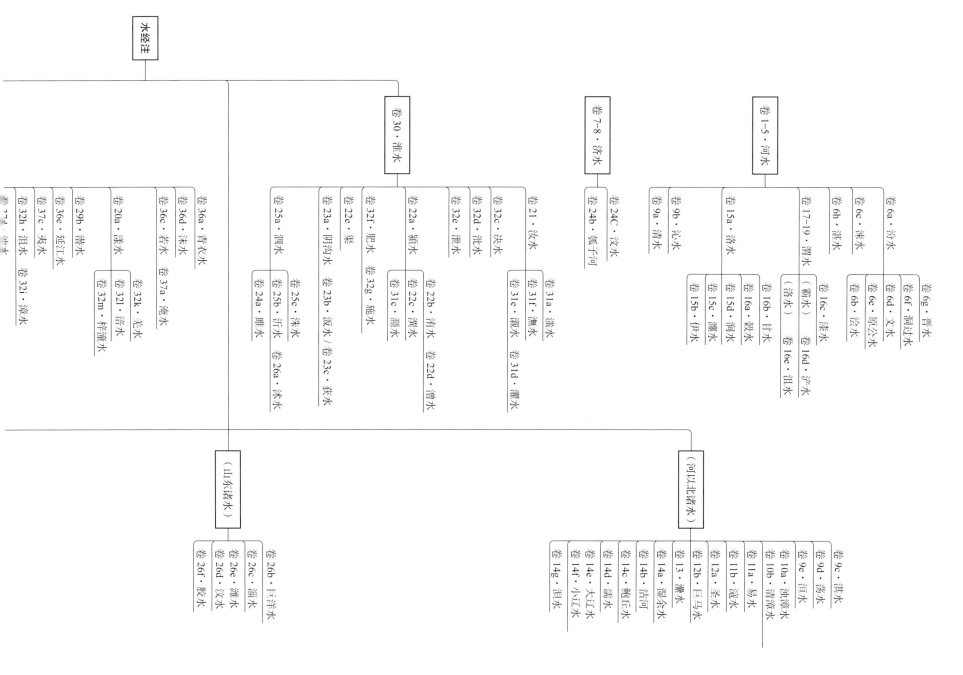

《水经注》卷目所载水道干支流关系示意图

《水经注》卷目次序调整前后对照表

序号	通行本编次（卷号）	通行本编次（水名）	较合理次序（水名）	较合理次序（卷）	备注（水系）
1	卷一	河水一	河水一	卷一	
2	卷二	河水二	河水二	卷二	
3	卷三	河水三	河水三	卷三	
4	卷四	河水四	河水四	卷四	
5	卷五	河水五	河水五	卷五	
6	卷六	汾水 浍水 涑水 文水 原公水 洞过水 晋水 湛水	汾水 浍水 涑水 文水 原公水 洞过水 晋水 湛水	卷六	河水
7	卷七	济水一	渭水上	卷十七	
8	卷八	济水二	渭水中	卷十八	
9	卷九（之一）	清水	渭水下	卷十九	
10	卷九（之二）	淇水 荡水 洹水	漆水 浐水 沮水	卷十六（之二）	
11	卷十	浊漳水 清漳水	洛水 伊水 瀍水 涧水	卷十五	
12	卷十一	易水 滱水	榖水 甘水	卷十六（之一）	
13	卷十二	圣水 巨马水	清水 沁水	卷九（之一）	
14	卷十三	㶟水	济水一	卷七（之一）	济水
15	卷十四	湿余水 沽河 鲍丘水 濡水 大辽水 小辽水 浿水	济水二	卷八（之二）	
16	卷十五	洛水 伊水 瀍水 涧水	瓠子河 汶水	卷二十四（之二）	
17	卷十六（之一）	榖水 甘水	淇水 荡水 洹水	卷九（之二）	河以北诸水
18	卷十六（之二）	漆水 浐水 沮水	浊漳水 清漳水	卷十	
19	卷十七	渭水上	易水 滱水	卷十一	
20	卷十八	渭水中	圣水 巨马水	卷十二	
21	卷十九	渭水下	㶟水	卷十三	
22	卷二十	漾水	湿余水 沽河 鲍丘水 濡水 大辽水 小辽水 浿水	卷十四	
23	卷二十（之一）	丹水	淮水	卷三十	淮水
24	卷二十一（之二）	汝水	汝水	卷三十一	
25	卷二十二	颍水 洧水 潩水 渠	颍水 洧水 潩水 渠	卷二十二（之一）	
26	卷二十三	阴沟水 汳水 获水	阴沟水 汳水 获水	卷二十三（之二）	
27	卷二十四（之一）	睢水	睢水	卷二十四（之一）	
28	卷二十四（之二）	瓠子河 汶水	泗水 沂水 沭水	卷二十五	
29	卷二十五	泗水 沂水 沭水	巨洋水 淄水 汶水 潍水 胶水	卷二十六（之二）	山东诸水
30	卷二十六（之一）	沔水	江水一	卷三十三	
31	卷二十六（之二）	巨洋水 淄水 汶水 潍水 胶水	江水二	卷三十四	
32	卷二十七	沔水上	江水三	卷三十五	
33	卷二十八	沔水中	青衣水 若水 沫水 延江水	卷三十六（之一）	
34	卷二十九（之一）	沔水下	美水 湆水 梓潼水	卷三十二（之四）	
35	卷二十九（之二）	潜水	渐江水	卷四十	
36	卷二十九（之三）	滍水 均水 粉水 白水 比水			
37	卷三十	淮水			
38	卷三十一（之一）	灈水 瀙水 潕水			
39	卷三十一（之二）	清水 㶏水			
40	卷三十一（之三）	溳水			

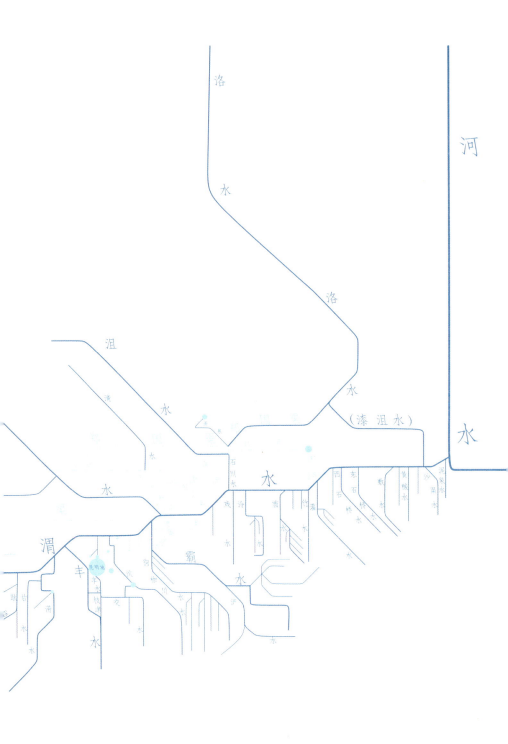

序号	卷次	水名	类别
43	卷三十二（之三）	沮水 漳水	丙水一 丙水二
44	卷三十二（之四）	羌水 涪水 梓潼水	丹水
45	卷三十三	江水一	端水 均水 粉水 白水 比水
46	卷三十四	江水二	清水 溃水
47	卷三十五	江水三	滮水 蕲水 夷水 浴水
48	卷三十六（之一）	青衣水 若水 沫水 延江水	淹水 夷水 油水 澧水 沅水
49	卷三十六（之二）	桓水 温水	资水 涟水 湘水
50	卷三十六（之三）	存水 温水	
51	卷三十七（之一）	淹水 夷水 油水 澧水 沅水 钟水 耒水 沭水 漉水 浏水 赣水 庐江水	深水 钟水 耒水 沭水 漉水 浏水 赣水 庐江水
52	卷三十七（之一）	叶榆河	浙江水
53	卷三十七（之二）	浪水	存水 温水
54	卷三十八（之一）	资水 涟水 湘水	浪水 湘水
55	卷三十八（之二）	满水 溙水	满水 溙水
56	卷三十九（之一）	洭水	洭水
57	卷三十九（之二）	深水 钟水 耒水 沭水 漉水 浏水 赣水 庐江水	斤江水
58	卷四十（之一）	浙江水	江以南至日南郡二十水
59	卷四十（之二）	斤江水	桓水
60	卷四十（之三）	江以南至日南郡二十水	叶榆河

江水　丙水二　丙水一　江以南诸水

（此表参考王成组《中国地理学史（先秦至明代）》中所作表格，经大幅修订后改制而成）

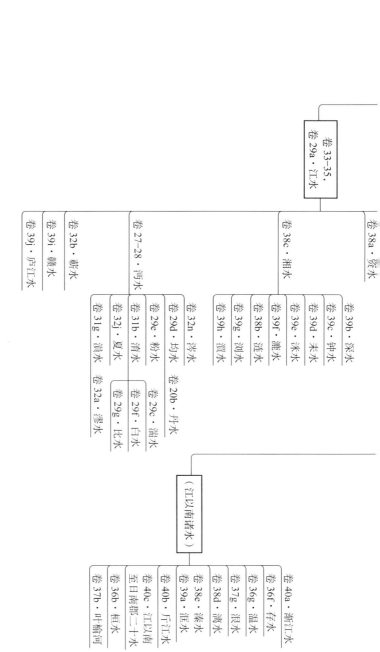

卷33—35，
卷29a·江水

卷38a·资水

卷38c·湘水

卷39b·深水
卷39c·钟水
卷39d·耒水
卷39e·漼水
卷38b·涟水
卷39g·浏水
卷39h·渭水

卷32n·泠水
卷29d·均水
卷29e·粉水

卷27—28·沔水

卷31b·清水
卷32j·夏水
卷31g·涓水

卷20b·丹水
卷29c·淯水
卷29f·白水
卷29g·比水
卷32a·漻水

卷32b·蕲水
卷39i·赣水
卷39j·庐江水

（江以南诸水）

卷40a·浙江水
卷36f·存水
卷36g·温水
卷37g·泿水
卷38d·湖水
卷38e·溱水
卷39a·斤江水
卷40b·涟水
卷40c·江以南
至日南郡二十水
卷36b·桓水
卷37b·叶榆河

（图中的卷目后所标的英文字母为该卷内所载水道篇名的顺序。另，篇目所无的文字外加括号，以示区别）

后　记

　　时光荏苒，自 2011 年，我带领复旦大学《水经注》研究团队开始着手这部"宇宙未有之奇书"的系统研究，至今已逾十三载。在此期间，我亲自主持了逾二百次的《水经注》的研读讨论（目前是每周三次，每次半天），每次研究讨论的日志累加在一起，早已超过百万字。由我主编的《水经注校笺图释》（渭水流域诸篇，复旦大学出版社，2017；汾水涑水流域诸篇，科学出版社，2020；洛水流域诸篇，科学出版社，2021）系列 3 种 5 册、主撰的《古本与今本：现存〈水经注〉版本汇考》（复旦大学出版社，2021）等著述，注重将传统郦学研究与现代新技术手段相结合，获得了学界的广泛关注与充分肯定。我们团队的研究之路虽然充满挑战，但我们每个人的收获无疑是巨大的，用"痛并快乐着"来描述我们的心情，应该是再贴切不过了。

　　这本小书的基础是我撰写的《中华传统文化百部经典》之

一《水经注》（节选）中的导论文字。在谋篇布局上，我重新做了思考，同时又扩充了大量文字内容与图表，尤其是在介绍我们研究团队的最新研究与未来规划的部分，我重点利用了我们研究团队一起构思撰写的由我主持的国家社科基金重大项目投标书中的表述。在此，我要特别感谢曾参与项目标书具体撰写的以下几位研究团队成员：杨智宇（复旦大学历史地理研究中心博士后）、周文乔（复旦大学历史地理研究中心博士）、田家尧（复旦大学历史地理研究中心博士生）、孟娇（复旦大学历史地理研究中心博士生）、高超（复旦大学历史地理研究中心博士生）、吴尚（复旦大学历史学系博士生）、杨晓锐（复旦大学历史地理研究中心博士生）。这本小书的完成，与他们的辛勤付出密不可分。

"新撰《水经注疏》与新绘《水经注图》"是我们在新时代为《水经注》研究设定的目标。在我们出版的《水经注校笺图释》系列中，大家更多关注的可能是我们的文字阐述，即"新撰《水经注疏》"的部分，而其中的释图则似乎没有凸显出其应有的价值与地位。换言之，"新绘《水经注图》"还有待我们在展现的具体内容与呈现的具体形式上做进一步的思考。职是之故，自2021年底，我便开始率领团队成员进行新的研究探索，经过两年多的分工协作与不懈努力，现在终于完成了《水经注图集·汾涑渭洛卷》（以下简称"《图集》"）的定稿，并即将付梓。鉴于这部《图集》颇能反映我们研究团队在《水经注》研究方面的最新思考，因此，在这本小书中，我适当在介绍我们团队的研究部分插入了一些我们编绘《图集》的初稿图样。这样既可展示我们的最新研究思路，同时又可避免与即将刊行的《图集》内容重合。非但如此，或许这样的安排还能激发读者诸君的好奇心，引领他们进一步去了解整部《图集》的内容。

最后，感谢"中华经典通识"丛书主编陈引驰教授的盛情邀约，感谢中华书局上海聚珍总经理兼总编辑贾雪飞女士的悉心安排，感谢责任编辑刘堃女史的悉心编校，使这本小书得以现在的样貌呈现。《水经注》研究是一项庞大而复杂的学术工程，需要持续的人力与物力投入。倘若这本小书能吸引更多的人领略这部经典的独特魅力，激发他们投身《水经注》本体研究的热情，则远超我撰写《〈水经注〉通识》的初衷，足以令我欣慰了。

李晓杰

二〇二四年十一月一日于复旦大学光华楼